通じる！
科学英語論文・ライティングのコツ

尾鍋 智子

English for Japanese Scientists

大阪大学
出版会

To Erica and Jonah

目　次

第1章　はじめに ─────────────── 1

1. 論文の全体構造を把握しよう　3
- ▶レポートとの違い　6
- ▶骨組みは砂時計型　8
- ▶モデル論文を集めよう　10

2. 書く前の準備体操に　11
- ▶アカデミックな語彙の選び方　11
- ▶コロケーション辞典を使おう　13

コラム1　「おはよう」と「おはようございます」　15

第2章　イントロダクション・セクション ─────── 17

1. 骨組み：徐々に話題を狭く　17
- ▶当研究の重要性を説明　19
- ▶先行研究に言及　22
- ▶当研究を一つの文で記述　25

2. 時制の役割：現在完了、過去、現在　26
- ▶研究背景の現在完了時制　27
- ▶先行研究の過去時制　28
- ▶当研究その他の現在時制　29

i

3. さあライティングしよう　32

   コラム2　意図的でなくとも剽窃に　33

第3章　メソッド・セクション ―――――― 35

   1. 骨組み：徐々に詳細へ　35
      ▶手順概論（general procedure）からはじめに　37
      ▶詳細を記述　39
      ▶さらに詳細へ　43
      ▶補足）理論系論文について　43

   2. 態と時制の役割：受動態の現在形/過去形　45
      ▶受動態の作り方　46
      ▶過去受動態の表すもの　47
      ▶一般的手順の現在受動態　50

   3. さあライティングしよう　52

   コラム3　逐語訳では通じない　53

第4章　リザルツとディスカッション・セクション ―――― 55

   1. 骨組み：事実・意見・一般化　55
      ▶リザルツはデータと違う　58
      ▶ディスカッションの構造　60
      ▶コンクルージョンの役割　62

2. 一般化表現（generalization）　　65
      ▶リザルツと比較・頻度表現　　66
      ▶ディスカッションとヘッジング（あいまい表現）　　69
      ▶リミテーションと将来の展望　　70

   3. さあライティングしよう　　72

   　コラム4　　文章は構築の仕方で意味をなす　　73

第5章　アブストラクト ——————————————— 75

   1. 骨組み：全体のエッセンス　　75
      ▶長短のバリエーションと目的　　78
      ▶セクション別に分析しよう　　80
      ▶各セクションのまとめを利用　　83

   2. 英語のロジック：パラレリズム　　83
      ▶大きな塊のパラレリズム　　85
      ▶代名詞で短く　　88
      ▶節から句へのパラフレーズ　　90

   3. さあライティングしよう　　92

   　コラム5　　難しいことこそやさしく　　93

第6章　タイトルと速読へ ——————————————— 95

   1. タイトルをつけよう　　96
      ▶タイトルと同義語　　97

▶より広い同義表現　　98

　　2. 速読術とライティング　　99

　　　コラム6　　辞書を友に　　104

おわりに　　105

出典一覧　　107

巻末：切り取りノート　　111

第1章

はじめに

　私は昔、小学校で感想文を書くのに苦労した一人です。何をどう書けばよいのか教わった記憶は残念ながらありません。自分のセンスのなさのせいだとずっと思ってきましたから、英語を教えるようになってから、ある子供向き英語の本の中に、おおよそ以下のように簡潔に書き方が示されていたのを見て大変びっくりしました。

　　　感想文（book review）とは、その物語の中で
　　　　　✧　何が問題だったか
　　　　　✧　問題はどのようにして解決されたか
　　　　　✧　あなたはその過程についてどう思ったか
　　　について、この順に書けばよろしい。

アメリカ人小学生向きのごく平凡な教材の一節で、私の教材研究資料の一部だったのですが、必要十分にして簡単明瞭な説明文に感銘を受けました。嬉しくなり、これでやっと私でも感想文が書けるぞと、昔に戻って書き直したい気持ちに駆られたのです。それと同時にその時強く疑問に思ったのが、「どうして国語の先生は感想文で試行錯誤させる前に、このような簡単なコツを教えてはくれなかったのか」でした。
　本書は、科学研究に忙しく従事する日本人英語学習者が論文作成の試行錯誤

に入る前に、最低限必要な科学英語論文ライティングのコツを提供することを目的としています。できれば私の出会った英語教材のように、初学者に簡潔明瞭にエッセンスをうまく伝えることを理想としています。特に英語で科学論文を書いたことがない初心者、大学院生などを念頭におき、論文の各セクションを無理なく書きすすめることをめざしました。

本書はまた最新の研究に基づき、日本人学習者にとって最も難しいのは英語論文ライティングの構成（organization）であるという前提に立っています。たとえば、トピックに関して、意味の通じるパラグラフ（段落）構成、クリアで論理的論文にすることが難しいという意味です。そのため本書では、

- ✓ 分析のためのツールを学び、
- ✓ 学習者が目標とする良い論文をさまざまな観点から分析し、
- ✓ あらかじめエッセンスを見いだし、
- ✓ タスクを通じてライティングを実践し、
- ✓ コツを自分のものにします。

このように分析の目のつけどころを本書では、あらかじめ教えかつ参照しつつ、一つ一つゆっくりと学習を進めてゆきます。一節を一回の授業でカバーすると、約15回で終え、論文全セクションを一度は執筆できる構成となっています。そのため提出タスクと章末タスクをあわせて15の課題があり、解答は巻末への書き込み式で切り取り式になっています。もっとスピードを遅くして進めても構いませんし、必要な箇所から学習を始めてもよいでしょう。

本書のもう一つの特徴は学習者自身が選んだモデル論文を最初から最後までずっと使用することです。これ無しにエクササイズやタスクはできませんので、P. 10のタスク4を参照して、必ず学習に入る前に複数の良い手本となる英語論文をモデルとして選んでください。これらは本書を通じて「モデル論文」と呼びます。（なお本文中の引用論文のレファレンス番号は書き方の参考のため原文のまま残しています）

皆さんが本書を通じて英語のロジック（論法）を理解して書けるようになる

と、大きな副産物が一つあります。それは他人の書いた論文を読む速度が確実にスピードアップしていることです。論文に関してライティングとリーディングはちょうど表裏の関係にあり、書ける人は読めるし、読める人は書けるのです。読むべき情報がどこにどのように配置されているか、きっとスラスラわかるようになります。この副産物も楽しみにしつつ、まずは相手にわからせるために必要な英語のロジックと大きな枠組みを学び、なによりも「通じる」論文をめざして、英語論文の作成を始めましょう。

さあ、ではまず準備体操として簡単な英語のエクスサイズでウォームアップを始めましょう！

注：本文および章末タスク中で所々キイとなる部分に英語を残しました。その理由は英語の方がより的確に表現できること、日本語がわからない留学生もいるための便宜上です。

1. 論文の全体構造を把握しよう

なぜ論文の全体構造理解がそんなに大切なのか疑問に思う読者もいるかもしれません。それに関連して、英文読者が文章を読んでいて最もイライラする間違いについて、以下のような報告があります。一番気にならないのが細かい文法ミスであり、次に文章の位置の置き違え、さらにすすむとパラグラフの構造欠陥、全体構造という順に気になる度合いは大きくなっていくと報告されています。

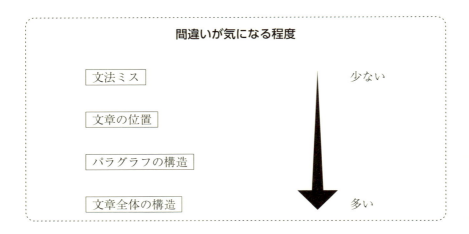

上の図のように下へいくほど読者がスムーズに読むことを大きく妨げる傾向があるとわかっています。つまり、私たちがノンネイティブスピーカー（非母語話者）としてまず努力すべき点は明らかで、何よりも真っ先に大きな全体構造を学ぶことにエネルギーを注ぐべきであるということがわかります。

　論文作成において、この点が中学や高校で習った一文単位の英作文との大きな違いでしょう。全体構成の組み立て方を習得した後に時間が許せば、細々した校正に時間をさくことをおすすめします。アメリカのネイティブスピーカーの大学院生の実に約 80％程度がこのような一番致命的な全体構造におけるミスをおかすこともわかっています。誰でも書き始めはそうなると言ってもよいでしょう。したがって、ごく最新の研究ももっぱら全体構成をまず学ぶべきだと報告しています。理由は、全体構成を組み立てられていないのに、細部だけを直してもほぼ無意味だからです。構成上、後に使用しなくなるかもしれない文章を校正することとなり、時間の無駄になります。

　次に大切なのが、パラグラフ内の文章の配置、つまりパラグラフの構造です。英文パラグラフにまつわるコツはいろいろあり、日本語の段落とは概念がまったく違います。英文のパラグラフは「1 パラグラフ、1 アイデア」と言われ、一つのパラグラフにいくつものポイントを決して詰め込みません。言いたいことは一つだけです。パラグラフ内の複数の文によって一つのアイデアを伝える

のです。では、もし二つの言いたいアイデアがパラグラフ内で出てきたらどうすればいいのでしょうか。その場合、どちらかを選ぶか、または二つの段落に分離します。

　最後に大切なのは、誤解を招かない明晰な文章を書くよう心がけることです。科学論文にふさわしい言葉遣いやテクニカルな表現に注意を払う必要があります。ぜひ辞書と友達になりましょう。

　まとめると、一般的に英語論文作成において、まずすべきこととして、

- ✓　全体構造やパラグラフの正しい配置を学ぶ
- ✓　パラグラフ内の正しい文章配置や構造を学ぶ
- ✓　論文にふさわしい明晰な文章表現を学ぶ

以上が最優先の学習事項であるとわかります。

ではまず、ウォームアップとして、パラグラフについて以下のタスクで考えましょう。

《タスク1》

2～4人のグループに分かれて、日本語の段落と英語のパラグラフの相違点について話し合いましょう。以下にメモをとりましょう。

〈相違点〉

	段落	パラグラフ
1)	_____	_____
2)	_____	_____
3)	_____	_____

1. 論文の全体構造を把握しよう

レポートとの違い

みなさんはこれまでレポートはたびたび執筆してきたことでしょう。ではレポートと論文の違いとは何でしょうか。一言でいうと、レポートとは自分よりもその課題について知識のある指導者一人へ向けた私的報告であるのに対して、論文は著者であるあなたがそのテーマの一番の専門家として責任をもって読者へむけて執筆する公的報告です。前者は面識がある人物へ向けて私的文章として書いていることも手伝い、不明瞭な点は指導者が補って読んだり、修正点を指摘したりしつつ目を通してくれたことでしょう。いわば都合の良いように頭の中で変換しながら読んでくれる便利な読者でした。それに対して一般的な論文の読者はエキスパートとしてのあなたを信頼し、不明瞭な点や間違いを変換することなく、一言一句そのままに論文を読み、参考にします。読者からの好意的補足推測の余地はまったくありません。誤解を招かない書き方や、常に明晰に書くことはすべてあなたの責任になります。

構造も異なります。レポートは多くの場合、序－本文－結論、又は、仮説－実験－検証、というような3部構造をとりますが、それに対して論文は多くの場合IMRDCと呼ばれる5部構造をとります。すなわち、Introduction（イントロダクション）、Methods（メソッド）、Results（リザルツ）、Discussion（ディスカッション）、Conclusion（コンクルージョン）の5つのセクションに分かれた形です。時にこれらの一部が合体した4部構造などのバリエーションの形とります。さらにAbstract（アブストラクト：概要）を加えて原稿が完成します。

ところで、IMRDCAの呼び名には分野や学術誌によりバリエーションがあります。

《タスク2》
手元にある英語論文をみて、その構造を調べてみましょう。IMRDCAはどのように呼ばれていますか。以下に書きましょう。

1) I _____
2) M _____

3) R _____
4) D _____
5) C _____
6) A _____

クラスメートと結果を比べてみましょう。

以上のように特にメソッドとアブストラクトは分野により、または学術誌により呼び名が多少違うことがあります。メソッドの位置は分野によっては近年の傾向として最後尾または別紙になっていることがあります。またリザルツとディスカッションは'Results and Discussion'のように、一部が合体していることがしばしばあります。

リザルツとディスカッションの合体の仕方には主に2種類あり、下図のように、リザルツとディスカッションが別々だが合わさったもの、

タイプ1

（Results／Discussion の図）

1. 論文の全体構造を把握しよう ■ 7

リザルツとディスカッションがパラグラフごとに合わさったものがあります。

タイプ2

骨組みは砂時計型

論文全体の骨組みは一般に砂時計型（hour glass）と呼ばれています。その意味を以下に説明しましょう。

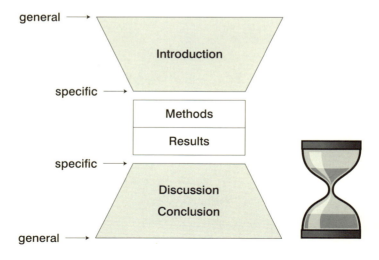

形でみると上広がりの台形から中央のメソッドなどの論述を通り最後に末広がりに終わっており、まるで砂時計のような形になっています。イメージで覚えやすいので、意識しておくと特にイントロダクションとリザルツの執筆時に役に立ちます。

一番上の底辺の方が短い台形はイントロダクションを表し、general（一般的）から specific（特定の）に論旨が移行していることを意味します。これはたとえば、分野における一般的な研究の流れからはじめて、読者に興味を持たせ、その後に自分の特定のトピックへと流れを移行することです。この流れの登場は、これから論述がはじまることを示唆しています。最後の末広がりの台形はディスカッションおよびコンクルージョンを表し、反対に specific から general への移行を表します。この構図は論述が終わることを示唆し、自分の研究という特定の研究が将来のどのような研究へとつながるのか、などと話題を一般的に広げて論文を終わらせます。

イントロダクションの以上のような台形構造は主にその内容と時制によってささえられています。

《タスク3》

次のイントロダクションの時制の分析をしましょう。

下記の例文のイントロダクションの general な部分（一般的な研究の流れ）に波線、specific な部分（個々の先行研究）に二重線を引いてみましょう。また時制はどのような時制が使われていますか。

Effect of pressure on the structural phase transition and superconductivity in $(Ba_{1-x}K_x)Fe_2As_2$ (x = 0 and 0.45) and $SrFe_2As_2$ single crystals

The recent reports of the discovery of elevated temperature superconductivity in $LaFeAs(O_{1-x}F_x)$ (Ref. 1) followed by an almost twofold increase in the superconducting transition temperature by application of pressure[2] or by substitution of heavier rare earths[3] have brought a lot of attention to materials with structures containing Fe-As layers. Within a few months, superconductivity below T_c = 38 K was discovered in the structurally related, nonoxide material, K-doped $BaFe_2As_2$ (Ref. 4), and single crystals of the parent, nonsuperconducting compound $BaFe_2As_2$, as well as superconducting $(Ba_{0.55}K_{0.45})Fe_2As_2$ were synthesized.[5,6] Although the parent compound appears to be sensitive to small, ~1%, of Sn doping[5-7] (light doping of Sn is an unintended consequence of the crystal-growth process) a small amount of Sn do not seem to be detrimental for superconductivity in the K-doped compound.[4,5] Single crystals of pure and K-doped $SrFe_2As_2$ have also been synthesized.[8,9] $SrFe_2As_2$ bears similarity to $BaFe_2As_2$ in having structural (antiferromagnetic) phase transition at ~200 K and exhibiting superconductivity at elevated temperatures upon K doping.

モデル論文を集めよう

では、次にタスク4にしたがって自分の見本にしたいモデル論文を2〜3編集めます。そのための準備として、先に巻末の**提出タスク1**をしましょう。

《タスク4》

提出タスク1の答えを参考にして、自分のモデル論文を探しましょう。以下の条件にあった論文を2編、探しましょう。

1) 分野的に近い論文
2) 英語が母語の執筆者が書いた論文
3) 各セクションが明確に分かれた、長過ぎない適度な長さの論文
4) あまり古くない最近の論文

論文が探せたら、それぞれ二部コピーを取り、一組を指導者に提出しましょう。

2. 書く前の準備体操に

　書く前に自分の研究について簡単なアウトプットをすると良い準備体操になります。友人と研究の話を英語で話会うのもよいでしょう。また次のようなプチ・プレゼンテーションもよい準備運動になります。私の恩師の一人が、アメリカのハーバード大学で始めた大学院生用プレゼンテーション訓練に Harvard Horizons という企画があります。理系文系を問わず博士後期課程終了間近の大学院生が、本来ならば何時間もかけて説明する自分の研究を 5 分、2 分、1 分といったごく短時間で説明する訓練を集中的にする企画です。要点をつかみ出して、わかりやすく、かつ学術的レベルは妥協せず表さねばなりません。そのため集中的な訓練をほどこしています。

　このように本格的なプレゼンにはかなり訓練が必要ですが、もしもあなたが同じように、たとえば 2 分で研究の説明を他分野の人にするとしたら、どうなりますか。試しに実際やってみましょう。ブレーン・ストーミングにもなります。

　巻末の**章末タスク 1** を見て、アクティビティを行いましょう。

　耳を傾けてくれる相手が居ると、自ずと説明が流暢に進むものです。書く作業が進まない時には、このように誰かに説明を試みるように、レコーダーで録音することがおすすめです。

　では、以上の内容を書き留めたものは、そのまま研究概要や論文になるのかというと、残念ながら必ずしもそうはなりません。あくまでウォーミングアップです。理由は、話し言葉と論文の書き言葉は、もともと言葉遣いが違うからです。書き留めたメモを草稿として直してゆきます。

アカデミックな語彙の選び方

　口頭発表と論文の大きな違いについて、口頭発表は「音」に主に頼るので、繰り返しや冗長な言葉遣いも時にはあえて行います。一方論文は端的に表現し繰り返しを避けます。さらに加えて論文は、話し言葉を避けフォーマルな語彙を使用することが特徴です。

《タスク5》

次の日常語彙を、書き言葉にも使えるフォーマル語に言い換えましょう。

	日常語		フォーマル語
(例)	buy	→	purchase
1)	free	→	_____
2)	have	→	_____
3)	now	→	_____
4)	spend	→	_____
5)	say	→	_____
6)	explain	→	_____

《タスク6》

カッコに入る適切な言葉を入れましょう。

1) "Sorry, there's no room now."
   (今、空き部屋はないよ)
   → "We are very sorry, but (　　　) there is no room available."
   (申し訳ございませんが、現在空き部屋はございません)

2) "As I said before, I am not free today."
   (前行ったとおり、今日は暇じゃないです)
   → "As I (　　　) earlier, I am not (　　　) today."
   (以前申し上げた通り、本日は都合がつきません)

3) "Can you explain in details?"
   (細かく説明してくれませんか)
   → "Could you please (　　　) on that？"
   (それについて、より詳しく説明してくださいませんか)

コロケーション辞典を使おう

　ノン・ネイティブスピーカーにとって便利な辞書にコロケーション辞典があります。コロケーションとは何でしょうか。以下の問題を考えてみてください。

> それぞれの名詞に一番あった形容詞を選んで、線でむすびましょう。
>
> rain　・　　　　　　・ strong
>
> wind　・　　　　　　・ heavy

　答えをどのように導きましたか。説明できますか。Oxford のコロケーション辞典にある解説を以下に要約すると、

> 　rain, wind, や strong, heavy それぞれの単語の意味は英語初心者にでもごく簡単な語彙問題である。しかしながら、それぞれどの語がどの修飾語をとるかは簡単な問題ではない。この場合 heavy rain, strong wind が適切な組み合わせであり、もう一つの組み合わせはふつうとらない。こういった自然な言葉の組み合わせをコロケーションという。
>
> （*Oxford Collocation Dictionary for Students of English.* 序より）

　つまり、改めて「なぜそうなのか」と聞かれても、ネイティブスピーカーすら簡単には答えがでないのがコロケーションです。日本語でもこの名詞にはこの形容詞という決まったペアがあり、類語であっても必ずしも同じ形容詞をとりません。「そうだから」としか答えようがない組み合わせがたくさんあります。それらのいわば「自然な言葉遣い」の知恵の宝庫がコロケーション辞典です。

　ここで科学者にとって大切なことは、コロケーションが正しい言葉はより「精確（precise）」でもあるということです。言葉の適切な動詞が見つからない

時や、同じような言葉だけれど用法が違うような言葉を調べるのにも辞書が役に立ちます。

たとえば「実験」experiment はどのような動詞を伴うのでしょうか。speed と velocity は似ていますが、どのような形容詞を伴うのでしょうか。これらの答えはコロケーション辞典にあります。

さらに Oxford の辞書では以下の 2 つの文章を比べて、どちらがよりクリアで、曖昧（general meaning）ではなく、より精密な（more precise）文として読者とコミュニケートしているかと尋ねます。

This is a good book and contains a lot of interesting details.
This is a fascinating book and contains a wealth of historical detail.

皆さんはどう思いますか。

常に「最適のコロケーションは？」と考えて言葉を選び、書くことによって、言葉のアンテナは鋭敏になり、リーディングの際にも自然と良い文章からコロケーションを学ぶことになり、後に役立つでしょう。理系の学生にとっては言葉を言い換える類義語辞典は文系の学生ほど頻繁に要りませんが、コロケーション辞典はこのように強い武器となってくれることでしょう。ぜひ活用しましょう。

コラム1 「おはよう」と「おはようございます」

　電子辞書ではどちらも Good morning が出てきます。本当に英語は敬語も丁寧表現もないのでしょうか。そうではなくて英語では日本語とは違う方法で丁寧さを表します。一つの方法は特別（specific）な情報をいれることです。

　つまり丁寧にするには、Good morning, Professor Brown. と相手の名前を入れ specific な情報を入れることで「おはようございます」になります。この場合相手が目上だからではなく、子供を相手にした場合でも、誰にでも使い、礼儀と同時に親しみを表します。ですから厳密には「おはようございます」とはニュアンスが少し異なりますが、相手に対する礼儀にかなうという意味で匹敵します。これと比べると、呼びかけなしの Good morning. は、少しぶっきらぼうに聞こえ「おはよう」に相当します。

　海外で学ぶ日本人の子供達について書かれた本に、こんな興味深いエピソードが載っていました。ある日本人小学生のアメリカ人の担任の先生が父母懇談で「息子さんは、礼儀正しいし勉強もできます。でも、挨拶だけがいつまでたってもできないのです」と言ったそうです。お母さんが家で息子に尋ねると挨拶はしていると言います。のちに判明したのが、息子が先生にしていた挨拶は Good morning. であったのに対して、先生は Good morning, Ms. 〜.「おはようございます」といって欲しかったというエピソードがありました。子供でも礼儀作法はもちろん要求されます。相手の名前を知っていたら、なるべく入れるようにしましょう。丁寧さの例は specific な情報をいれる他にも色々ありますが、リアルに通じる簡単な一例としてここに挙げてみました。

第2章

イントロダクション・セクション

1. 骨組み：徐々に話題を狭く

　イントロダクションでは徐々に話題を絞っていきます。その際に科学的事実および先行研究を用いた概説をうまく行って、絞りましょう。

　研究説明を川の流れにたとえると、その流れは一般的に蛇行しています。流れの急変を英語では逆接で表現します。流れの役割は当研究の重要性を強調することです。効果的に、いかに当研究が研究に値する重要性を持つかを主張する必要があります。

以上が内容の流れでした。

　流れをもう一つの側面から説明するのが時制であり、イントロダクション特有の時制の混ざり具合を示します。焦点を徐々に絞り、イントロダクションの最後近くに、論文中で一番重要な文章である、当研究の説明を一文で述べます。この部分はイントロダクションのハイライトといってよい文章です。続けてメソッドとリザルツを必要に応じて手短じかに述べ、イントロダクションを終えます。

　以上のようにイントロダクションではさまざまなテクニックを用いて概説（より general）から、当研究（最も specific）へと話題を絞ります。

まとめると、一般的に英語論文イントロダクション作成において、まず注意すべきこととして、

- ✓　逆接の接続詞をうまく用いて研究の流れを説明する
- ✓　当研究の重要性を強調する
- ✓　イントロダクションに特有のさまざまな時制を使いこなす
- ✓　当研究を読者にわかりやすく一文で表す

以上が最優先の学習事項となります。

当研究の重要性を説明

　イントロダクションは全体としては下図のような砂時計の台形のように話題をだんだんと絞りました。目的は読者に当研究の重要性を説得するためです。

　仮に、イントロダクションにおいて、先行研究説明の流れが2度曲がっていると考えてみましょう。1度目は全体の general な流れから当研究にかかわる specific な流れへと変化するとき、2度目はさらに当研究へと焦点を絞るときです。この際に、逆接を表す but や however などが流れを「曲げる」キイワードとなります。

全体の流れ A →	当研究にかかわる流れ B →	当研究へ
(general)	(specific)	
	既知の部分 →	未知の部分
	(known)	(unknown)
A	*However* B.	*But* C.
A	B.	(*However*) C.

(他の逆接接続詞でも代用可能)

　いっぽう必ずしも逆説の見られないイントロダクションもあります。そのようなケースでも概説、発見、課題なども含む既知の部分（known）である A および B に対して、未だ残された研究課題である未知の部分（unknown）C とは

区別した説明があります。ただしこれらのパターンは、分野により相違がありますので、最終的には自分のモデル論文を参考にしましょう。

《タスク7》

下記のイントロダクションの一部をみて、その構造を調べてみましょう。

1) 流れを変化させる逆接接続詞を2つ見つけて、下線を引きましょう。
2) 前後でどのように変化していますか。選択肢から一語選んで図を完成させましょう。

a) _____ 逆説1 b) _____ 逆説2 c) _____

[unknown / general / known]

Angular momenta and spin-orbit interaction of nonparaxial light in free space

The problem of the identification of the spin and orbital parts of the angular momentum (AM) of an electromagnetic wave has a long history and has posed fundamental difficulties in both quantum electrodynamics and classical optics [1–4].

It is known that the photon AM operator in the momentum (plane-wave) representation has the form [1]

$$\hat{\mathbf{J}} = -i(\mathbf{k} \times \partial_{\mathbf{k}}) + \hat{\mathbf{S}} \equiv \hat{\mathbf{L}} + \hat{\mathbf{S}}. \tag{1}$$

Here the orbital part is $\hat{\mathbf{L}} = \hat{\mathbf{r}} \times \hat{\mathbf{p}}$ ($\hat{\mathbf{p}} = \mathbf{k}$, $\hat{\mathbf{r}} = i\partial_{\mathbf{k}}$, $\mathbf{k}$ is the wave vector, and we use units $\hbar = c = 1$), whereas $\hat{\mathbf{S}}$ is the spin-1 operator given by 3×3 matrices $(\hat{S}_a)_{ij} = -i\epsilon_{aij}$ (ϵ_{aij} is the Levi-Civita symbol) that act on the Cartesian components of the wave electric field. Canonical orbital AM

(OAM) and spin AM (SAM) operators $\hat{\mathbf{L}}$ and $\hat{\mathbf{S}}$ satisfy so(3) algebra and generate rotations in spatial and polarization degrees of freedom, respectively. However, "the separation of the total AM into orbital and spin parts has restricted physical meaning. ... States with definite values of OAM and SAM do not satisfy the condition of transversality in the general case" [1]. In 1994, Van Enk and Nienhuis put forward an alternative, noncanonical AM separation, where the modified spin and orbital parts are measurable and consistent with the transversality of the wave, although they are not generators of rotations [2].

In classical optics, the two parts of Eq. (1) can be unambiguously associated with the OAM and SAM for *paraxial* light, where the eigenmodes of $\hat{L}_z = -i\partial_\phi$ (ϕ is the azimuthal angle in $\mathbf{k}$ space) and $\hat{S}_z$ are circularly polarized vortex beams with the corresponding quantum numbers $\ell = 0, \pm 1, \pm 2, \ldots$ (topological charge of the vortex $e^{i\ell\phi}$) and $\sigma = \pm 1$ (helicity) [5]. However, for *nonparaxial* fields the identification of OAM and SAM meets serious difficulties [2-4]. Calculations based on the recently suggested division of the Poynting energy flow into spin and orbital parts [3,6-8] show that the nonparaxial correction to the OAM is proportional to σ rather than to ℓ [3,7]. This resulted in the conclusion that "in the general non-paraxial case there is no simple separation into ℓ-dependent orbital and σ-dependent spin component of AM" [3].

In this paper we reexamine the problem and give an exact self-consistent solution in terms of both the fundamental photon operators and classical energy flows.

では、次にあなたのモデル論文の構造はどうなっているでしょう。巻末の**提出タスク2**で調べましょう。

　長いイントロダクションの場合、AやBにあたる部分が相当長く、先行研

究も引用数が多いですが、最後に必ず C はあります。長くて分析が難しいと感じる場合、まずは C を見つけましょう。それから B、A へとさかのぼって調べましょう。

先行研究に言及

先行研究の引用方法は大きく分けて 2 種類あります。

> ✓ …… was discovered (Brown *et al.*, 2015). のように文末に引用、または引用番号をふり、脚注または文末注に出典を明記する方法
> ✓ 文中で論文著者を主語にし、'Brown *et al.* (2015) suggested ……' のように述べる方法

前者がもっとも一般的な引用方法ですが、前者と後者の引用方法にニュアンスの違いを認める分野、認めない分野、そもそも後者の方法は使わない分野など、分野による扱いの違いがあります。

ニュアンスの違いを認める場合の違いは、以下です。

> ✓ 前者はすでに正しいと受け入れられている研究
> ✓ 後者はいまだ議論や評価の分かれる研究

あなたの分野がもしも引用方法において、上述のような違いを認める分野であるならば、引用方法に著者がその先行研究をどう評価しているかが反映されていると読者は読み取ります。自分の意図にそった引用方法を用いるよう、注意が必要です。

最後に科学論文において一番量が多い引用として、現在形を用いているものには、すでに科学的知識となっている事実の典拠を示す役割があります。科学的事実をのべ、そのソースを示します。

✓ 現在形を用いて、科学的知識、事実の典拠として引用する。

《タスク8》

下記のイントロダクションの例文をみて、答えましょう。

1) 先行研究の引用方法は何種類ありますか。

_____ 種

2) 具体的な専攻研究は何篇挙げられていますか。

_____ 篇

Hollow and Cage-Bell Structured Nanomaterials of Noble Metals

Noble metal nanomaterials with customizable internal structures and shell compositions have garnered sustained research interest due to their immense potential for catalysis.[1-3] For instance, Pd nanoparticles with a hollow interior exhibit good catalytic activity in Suzuki cross-coupling reactions and can be reused seven times without the loss of catalytic activity.[1] Liang and co-workers showed that Pt hollow nanospheres are twice as active as solid Pt nanoparticles of roughly the same size for methanol oxidation.[4] The increase in activity could be attributed mainly to the larger surface area of the hollow structure, where the porous shell allows the internal surface of the catalyst to be accessible to the reactants. The continuing research efforts in this area have also given rise to the recent possibility of creating hybrids of core-shell and hollow structures, or a new class of core-shell structures with a distinctive core-void-shell configuration, which are called cage-bell, yolkshell, or rattle-type structures. With the unique properties of a movable core, interior void spaces, and controlled porosity and composition of the shell, cage-bell structured (CBS) nanomaterials have great potential for a diverse range of applications, such as nanoreactors,[5-7] drug delivery systems,[8-10] lithium-ion batteries,[11-15] photocatalysis,[16] and photonics.[17] For example, polymeric hollow spheres with a movable Au nanoparticle core have been synthesized, which allow the optical sensing of chemicals diff used into the cavity.[18] Most recently, Fan and co-workers developed a photocatalytic approach using densely packed optically active porpyrins to template the synthesis of well-defined hollow Pt nanostructures which were excellent catalyst for the methanol oxidation reaction.[19] The authors also demonstrated reusability of the template by an acid-base treatment.

では、さらに自分のモデル論文で調べましょう。

《タスク9》

モデル論文のイントロダクション最初から1～2パラグラフをみて、答えましょう。

1) 引用方法は何種類ありますか。

　　　　　　　　　　＿＿＿＿＿　種

2) 具体的な専攻研究は何篇挙げられていますか。またその主な著者を注を参照し以下に書きましょう。

　　　　　　　　　　＿＿＿＿＿　篇

1. _____ 年 _____
2. _____ 年 _____
3. _____ 年 _____

3) ペアになって、クラスメートと結果を比べましょう。

当研究を一つの文で記述

　流れの中で、流れ着く先である C が当研究です。論文の中で最も重要な文章といっても過言でなく、当研究が何をなすのかを表す肝心な部分です。読者のためにも、この文章は際立たせる必要があり、学術誌によっては表現の指定があります。'Here we show' や 'In this study we report' など、すぐにそれとわかる表現がよく使われます。

〈文例〉

<u>Here, we report an example of such a system,</u> built from chromophore-labeled monomers of the tobacco mosaic virus coat protein (TMVP).

<u>Herein, we report a facile generic approach,</u> which is based on the inside-out diffusion of Ag in core–shell structures, for the fabrication of hollow or cage-bell noble metal nanomaterials.

<u>In this paper we reexamine the problem</u> and give an exact self-consistent solution in terms of both the fundamental photon operators and classical energy flows.

> **《タスク 10》**
> モデル論文では、当研究をどのように述べているかを調べてみましょう。
> 以下に表現の部分を書き出しましょう（全文を書く必要なし）。
>
> 1. _____
> 2. _____
>
> 4人のグループを作り、話し合い、参考になりそうな表現を書き留めましょう。
>
> 3. _____
> 4. _____
> 5. _____

2. 時制の役割：現在完了、過去、現在

　イントロダクションの構造は、一つには上述の内容の流れによって支えられている側面があり、もう一つの側面としては時制（tense）がその流れを支えています。

　まず時制の復習を兼ねて、ウォームアップとして巻末の、**提出タスク 3** のイントロダクションの分析をし、指導者に提出しましょう。時制分析の際、主動詞（主節の動詞）のみ分析しましょう。（従属節内の動詞など主動詞以外まで分析してしまうと構造が見えなくなりますので注意しましょう）

　general な先行研究の流れはふつう現在完了形で、specific な個々の先行研究は過去形で表します。当研究は現在形を用いて表します。これら 3 つの時制の違いと用法に慣れることが肝要です。

　まとめると、イントロダクションを支える時制でまず学ぶべき 3 つの時制は、現在完了形、過去形、現在形であり、それらを駆使して、

- ✓ 現在完了形を用いて研究背景の流れを表す
- ✓ 過去形を用いて個々の先行研究を引用紹介する
- ✓ 現在形を用いて当研究をはっきり述べる

以上が最優先の学習事項となります。

研究背景の現在完了時制

　研究背景の概説部分（general）は、しばしば現在完了形で表されます。たとえば、「〜が注目を集めてきている」のように研究の大きな流れを表す時、現在完了形が最も適切な時制です。

> ○　〜　has attracted considerable interest
> ×　〜　attracted considerable interest

現在完了形によって現在も研究課題であることが如実に伝わります。過去形にすると、まるで過去の一過性の注目で、現在は注目されていないかのように聞こえる可能性があります。これでは文意に添いません。

　冒頭部において、現在完了形の文から過去形の文に変化する文章の流れでは、後者は前者の流れの中の例示とふつう理解されます。全体の流れ（現在完了形）と、個々の研究の例示（過去形）はあわせて1セットとみなされます、あわせて一文で現在完了のみで表すこともあります。つまり典型的イントロダクションの骨組みとしては、以下の図のような時制の混ざり具合が頻出し、その骨組みの間を科学的事実の説明（現在形）が埋め、肉付けして構成されています。

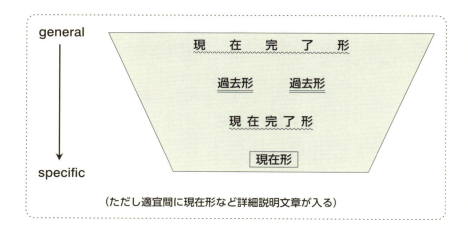

(ただし適宜間に現在形など詳細説明文章が入る)

《タスク11》

1) 自分のモデル論文のイントロダクションの時制に注目して、現在完了形に波線、特定の先行研究を表す過去形に二重線を引きましょう（ない場合もあります）。

2) 研究課題（unknown）を表す文章（現在形または現在完了で表されることが多い）を探しましょう。

先行研究の過去時制

では、さらにタスクで調べましょう。

《タスク12》

適切な時制を選択肢から選んで、文章を正しい順序に並べて、イントロダクションの骨組みを完成しましょう。

1) However, little attention (was paid / has been paid / is paid) to M.
2) A (reported / has reported / reports) Y (A *et al.*, 2011).

3) B (showed / has showed / shows) Z (B *et al.*, 2012).
4) Here we (reported / have reported / report) 〜.
5) X (attracted / has attracted / attracts) much attention in recent years.

( ) → ( ) → ( ) → ( ) → ( )

以上のように、過去の具体的研究はある過去の時点になされたので、過去形（単純過去）を用います。いわば過去の点を表します。ここで注意すべき点は、もしも自分たちの当研究を過去形で書くと、先行研究の一部と見なされる可能性があるということです。時制を正しく書き分けましょう。

当研究その他の現在時制

　イントロダクションでは、当研究はふつう、現在形を用いてはっきり、きっぱりと表します。ただし、論文後半では必ずしもそうではありませんので、論文冒頭では現在形、と覚えておきましょう。以下は、イントロダクションに見られる現在形の他の用法について概説します。

　そもそも現在形というのは、大変「強い」時制でもあります。モデル論文には現在形が多く使われています。最も一般的なのは科学的事実や知識の説明です。違いを分析し、現在時制の他の意味を考えましょう。

　モデル論文で調べましょう。

《 タスク 13 》

モデル論文のイントロダクションをみて、答えましょう。

1) 最初のパラグラフに出てくる現在形に 囲み で印をつけましょう。

2) 現在形はなぜ使われていますか。何種類の用法があるか考えてみましょう。
   *
   *
   *

3) ペアになって、クラスメートと結果を比べましょう。

当研究を表す以外に、最も科学論文に頻出する現在形としてたとえば、いくつかのパターンがあり、

- ✓ 科学的知識
- ✓ 説明や定義
- ✓ 計算や公式

などがあります。

現在形はこのように「いつも正しいこと」を科学論文では表す傾向があります。ということは反対に、他者の論文を引用する際には以下のように著者の判断が入ります。

- A reported that X is Y.
  XはYであるとAが報告した（かつ報告は科学的に正しい）。
- A reported that X was Y.
  XがYであるとAが報告した（正誤の判断は保留）。

まとめると、以下のようになります。

> ✓ That 節の中の科学的真理は主動詞と時制の一致をしない。
> ✓ 時制の一致をしている場合、科学的に正しいかどうかは著者が保留している。

以上から、自分の研究にせよ他人の研究にせよ、時制の一致を無視して現在時制を用いることは、常に正しいと科学的に証明された、というニュアンスを伴います。このように現在時制は単純なようで、科学分野においては、はなはだ重大な時制です。節の内外での使い方を慎重にチェックしましょう。

では、自分のモデル論文で調べましょう。

《タスク 14》

モデル論文のイントロダクションをみて、主動詞と that 節内外の現在形を見つけて、時制の一致を調べましょう。

1) 現在形はなぜ使われていますか。考えてみましょう。

2) 時制の一致はなぜしていますか。なぜしていませんか。

3) ペアになって、クラスメートと結果を比べましょう。

3. さあライティングしよう

　以上でイントロダクションを書く基礎的準備は整いました。もう一度要点を復習して、分析したモデル論文を参考に、**章末タスク2**のライティングをしましょう。もしあれば三色ボールペンなどで時制を各々色分けし分析すると、一目瞭然とした分析で見やすく、後に参考に用いやすくなります。

章末タスク2では、骨組みとなる8つの文章のみを書きます。
（後に適宜付加的詳細を自分で付け加えると、イントロダクションが完成します）
　　（You will write only 8 essential sentences.）
Sent. 6から書き始め、後にSent. 1へ戻ると書きやすいでしょう。
　　(Start with Sentence 6, 7 and 8. Then move back to 1, 2, and so on.)

コラム2　意図的でなくとも剽窃に

　もしもあなたのモデル論文がここまでの型にまったくあてはまらないならば、それはイントロダクションのもう一つの型である可能性があります。時制でいうと現在形のみのイントロダクションです。これは言葉や分野の定義からはじめるイントロダクションであり、分野によってはこのようなパターンがイントロダクションの主流を占めます。

　定義のイントロダクションはその性質上、現在完了形や過去形を用いず、現在形のみで終始します。これは論文で用いるテクニカルな言葉や研究分野自体の解説を、定義を用いて始めるのが適切なケースだからです。このような場合イントロダクションの内容の流れも必ずしも general から specific とは限りません。むしろ反対に specific から general な場合もあります。あなたの分野がこれにあたる場合、ぜひ自分野のモデル論文を分析して真似してみましょう。定義のイントロダクションではモデルの真似をするとはいえ、決してそのまま引用したりせず、必ず自分で考えたオリジナルなイントロダクションの文章を作文しましょう。

　ここで<u>**剽窃**</u>について一言述べておきます。たとえば同じ科学用語の定義は、一般的に似通った文章にならざるを得ません。科学用語の定義は厳密なため、テクニカルタームの言い換えもあまりせず、同じ用語を用いて説明することが大きな原因です。結果、どうしても似てしまっている時、定義にかかわる文章は、ふつう剽窃とは見なされません。ですが不可避なレベルで似ていることと、それ以外は違います。安易に他人の文章をそっくりそのまま引用すれば、アイデアを盗んだことと当然見なされ、たとえ<u>意図的でなくても</u>**剽窃**にあたります。直接引用する際には必ず引用元を明記するようにしましょう。

第3章
メソッド・セクション

1. 骨組み：徐々に詳細へ

　この章では主に実験系分野の論文に必要なメソッドを扱います。メソッド・セクションに書かれた手順は、その指示にしたがって専門家がその通りに実験すればほぼ同じ結果が得られるようにすることが目的です。材料を提示し、手順を過不足なく記述することが求められます。論文読者の中には、この部分をまったく読まない人もいますが、一方読む人は専門家中の専門家と考えてよい

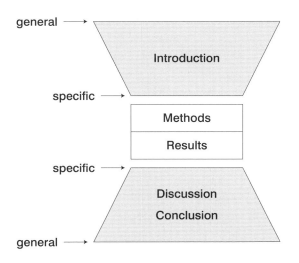

でしょう。一説には、その論文が査読への第一段階を通るか否かを握るともいわれます。いわばプロが目を光らせて目を通す部分として、大変重要な役割を担っています。典型的にはイントロダクションのすぐ後に位置します。

歴史的にこのセクションはだんだん長くなってきており、反対に専門化は進み、ますます読者は限られるので、論文の最後や appendix に移動されることもよくあります。したがって、長さおよび位置は分野・学術誌・個々の論文によりさまざまなバリエーションがあります。

呼び方もいろいろあり、マテリアルズ・アンド・メソッド（Materials and Method）やエクスペリメンタル・セクション（Experimental section）などが最も一般的な呼び名です。

まず自分野での呼び名をモデル論文で再確認してみましょう

《 タスク 15 》

メソッド・セクションが何と呼ばれているかを確認し、英語で書きましょう。

* _____
* _____

違う分野のクラスメートと呼び名を比べ、お互い知見を広げましょう。

* _____
* _____

メソッド・セクションは専門家同士のコミュニケーションの場であり、過不足なく正確に文章を組み立てていかねばなりません。またこのセクションの主役は実験そのものです。実験の行為者ではなくて、実験そのものが主体である理由からメソッド・セクションは受動態に終始します。

まとめると、一般的に英語論文メソッド・セクション作成において、まず注意すべきこととして、

- ✓ 全体の手順を過不足なく書く
- ✓ 受動態の作り方、使用方法を詳しく知る

以上が最優先の学習事項となります。

手順概論（general procedure）からはじめに

次に書き方について具体的に調べましょう。メソッド・セクションは分野ごとに異なるバリエーションがありますが、大きく分けて二つの異なるメソッドの記述方法が見られます。一つはメソッドにおいて、ひたすら手順を簡潔に述べてゆく分野があり、化学・物性物理・分子生物学など多くの分野がこれにあたります。もう一つは手順に加えて、手順の正当化 justification（〜のために〜をしたなど）を頻繁に述べる分野があります。人体を含む生物を扱う衛生学、医学、植物系統学などに多く見られるようです。ですので、必ず自分の分野のメソッドを確認参照しましょう。

前者は分野内において手順の標準化が進んでおり手順を正当化する必要はないらしく、一部手順を「〇〇のリファレンスを参照」で済ませ、省略することがよく見られます。著者と読者の間に共有情報が多いことが前提となります。後者は正当化が何らかの理由で分野内において求められているということでしょう。最後に分野にかかわらずもう一つ正当化表現が頻出する論文として、手順が新規な研究、議論の分かれる手順、読者に非専門家を想定している境界領域の研究などがあります。

いずれの場合もメソッドは、手順の概説から始まることがよく見られます。以下はその一例で、ある論文のメソッド・セクション冒頭です。では次のタスク 16 で分析してみましょう。

タスク16

1) 主動詞を調べ、全体の数および各欄の数字を書き入れましょう。

	過去形	現在形
受動態 (passive)	/	/
能動態 (active)	/	/

Modulation of Innate Immune Responses with Synthetic Lipid A Derivatives

Experimental Section

General Synthetic Methods. Column chromatography was performed on silica gel 60 (EM Science, 70–230 mesh). Reactions were monitored by thin-layer chromatography (TLC) on Kieselgel 60 F_{254} (EM Science), and the compounds were detected by examination under UV light and by charring with 10% sulfuric acid in MeOH. Solvents were removed under reduced pressure at < 40 ℃. CH_2Cl_2 was distilled from NaH and stored over molecular sieves (3 Å). THF was distilled from sodium directly prior to the application. MeOH was dried by refluxing with magnesium methoxide and then was distilled and stored under argon. Pyridine was dried by refluxing with CaH_2 and then was distilled and stored over molecular sieves (3 Å). Molecular sieves (3 and 4 Å), used for reactions, were crushed and activated in vacuo at 390 ℃ during 8 h in the first instance and then for 2–3 h at 390 ℃ directly prior to application. Optical rotations were measured with a Jasco model P-1020 polarimeter. ^1H NMR and ^{13}C NMR spectra were recorded with Varian spectrometers (models Inova500 and Inova600) equipped with

Sun workstations. ^{1}H NMR spectra were recorded in CDCl$_3$ and referenced to residual CHCl$_3$ at 7.24 ppm, and ^{13}C NMR spectra were referenced to the central peak of CDCl$_3$ at 77.0 ppm. Assignments were made by standard gCOSY and gHSQC. High-resolution mass spectra were obtained on a Bruker model Ultraflex MALDI-TOF mass spectrometer. Signals marked with a subscript L symbol belong to the biantennary lipids, whereas signals marked with a subscript L' symbol belong to their side chain. Signals marked with a subscript S symbol belong to the monoantennary lipids.

***tert*-Butyldimethylsilyl 3-*O*-Allyloxycarbonyl-2-azido-4, 6-*O*-benzyl-didine-2-deoxy-*β*-D-glucopyranoside (7).** To a cooled (0 ℃) solution of compound **6** (3.0 g, 7.37 mmol) and TMEDA (666 μL, 4.42 mmol) in DCM (30 mL) was added dropwise allyl chloroformate (1.00 mL, 8.85 mmol). The reaction mixture was stirred at room temperature for 10 h, and then diluted with DCM (50 mL) and washed with saturated aqueous NaHCO$_3$ (2 × 100 mL) and brine (2 × 50 mL). The organic phase was dried (MgSO$_4$) and filtered. Next, the filtrate was concentrated in vacuo. The residue was purified by silica gel column chromatography (hexane/ethyl acetate, 25/1, v/v) to give **7** as a colorless oil (3.20 g, 88%).

今度は巻末の**提出タスク4**で、自分のモデル論文のメソッド・セクションを同様に調べましょう。

詳細を記述

　メソッド・セクションの書き方は大きく分けて二つあり、小見出しを用いてメソッド・セクション中に小セクションを作る書き方と、作らずパラグラフを連ねる方法とがあります。論文ごとに相違が見られます。一般的にメソッド・セクションが長い場合、小見出しがよく使用されます。最終的には自分のモデル論文を参考にしましょう。

《タスク17》

下記のメソッド・セクションの冒頭をみて、その構造を調べましょう。

1) 小見出しを抜き書きしましょう。

2) それぞれの小見出し部分はあなたの分野ならば、どのような小見出しをつけますか。内容をよく読んでから英語で答えましょう。

Self-Assembling Light-Harvesting Systems from Synthetically Modified Tobacco Mosaic Virus Coat Proteins

Materials and Methods

General Procedures. Unless otherwise noted, all chemicals and solvents were of analytical grade and were used as received from commercial sources. Water (dd-H_2O) used in biological procedures or as reaction solvents was deionized using a NANOpure purification system (Barnstead, United States). The centrifugations required in spin concentration steps were conducted using an Allegra 64R Tabletop Centrifuge (Beckman Coulter, Inc., United States).

Prior to analysis, biological samples were desalted and separated from small molecule contaminants using BioSpin G-25 centrifuge columns (Amersham Biosciences, United States) and NAP-5 and NAP-10 gel filtration columns (Amersham Biosciences, United States). Control experiments have indicated that assembled TMVP aggregates elute in the void volume of these columns, while small molecules are retained.

Additionally, 3500 molecular weight cutoff Slide-A-Lyzer Dialysis Cassettes (Pierce Biotechnology, Inc., United States) were employed as indicated below.

Instrumentation and Sample Analysis Preparations. Electrospray LC/MS analysis was performed using an API 150 EX system (Applied Biosystems, United States) equipped with a Turbospray source and an Agilent 1100 series LC pump. UV-vis spectroscopic measurements were conducted on a Tidas-II benchtop spectrophotometer (J & M, Germany). Fluorescence measurements were obtained on a Fluoromax-2 spectrofluorometer (ISA Instruments). Samples were prepared for TEM analysis by applying analyte solution (approximately 0.2 mg/mL in TMVP) to carbon-coated copper grids for 3 min, followed by rinsing with dd-H_2O. The grids were then exposed to a 1% aqueous solution of either uranyl acetate or uranyl formate for a short time (30s to 1 min) as a negative stain. Transmission electron microscopy (TEM) images were obtained at the Berkeley Electron Microscope Lab using a FEI Tecnai 12 transmission electron microscope with 100 kV accelerating voltage. High-resolution images were obtained with a Tecnai 12 transmission microscope equipped with a LaB6 source. Images were recorded on a Gatan Multiscan 794 CCD camera or on Kodak ISO-163 films and then were scanned with a Nikon Super Coolscan 8000 scanner with a 12.7-μm raster size.

では、次にあなたのモデル論文の構造はどうなっているか、以下のタスクで調べましょう。

《タスク18》

二つの論文のメソッド・セクションには小見出しがありますか。

Yes, No

No：両方なければ、以下のタスクはせず、内容をよく読んで、自分で部分に小分けしましょう。それぞれに小見出しをあなたがつけるならば、どのような小見出しになりますか。

Yes：小見出しのある論文を一つ選び、以下のタスクをしましょう。
1) General Procedure・Measurement・Analysis に相当する部分があれば空欄に名前を、なければ×を書きましょう。他は小見出し名を書き出しましょう。

	小見出し名
General Procedure	
Measurement	
Analysis	

さらに詳細へ

　小見出しのあるような長いメソッド・セクションの中には、それぞれの小見出しの中にさらに general な見出しをつけ、specific な詳細へと進む型があります。見出しのあるなしにかかわらず、メソッド・セクションは、各々の詳細の中で、general から specific へと記述が進む傾向があります。

　一方、最初から詳細の記述をずっと手順通りにしてゆく、「記述的」な分野もあります。ですから自分野の慣習に馴れるべく、モデル論文の数をもっと増やすとさらに参考になるでしょう。

補足）理論系論文について

　次に実験系ではなく、理論系の科学を専攻する人向けに、紙面の都合上、相違のみを簡単に説明します。実験と理論の大きな違いがこのメソッド・セクションの有無といえましょう。理論系の論文はイントロダクションとコンクルージョンはありますが、その間にはふつう、メソッド・セクションはありません。つまり大きな形としては、Introduction, Body, Conclusion 型になっています。一例としていま手元にある *Journal of Mathematical Physics* の論文、'A Potential Foundation for Emergent Space-Time'（2014）を見てみましょう。この論文の各セクションをみると、1にイントロダクション、9に結論があり、間に7つのセクションがある Introduction, Body, Conclusion 型になっています。メソッドのかわりに、論文全体の構成説明として、Body の概説（overview）をイントロダクションの最後に入れています（これは人文・社会科学系論文とまったく同じ書き方です）。以下この部分を見てみましょう。

> In Sec. II, we introduce the concept of a distinguished chain, which can be used to represent an observer or an embedded agent. Quantification of events and closed intervals along chains is established in Sec. III. In Sec. IV, these results are extended to quantify poset events. In Sec. V, we discuss chain-induced structure in the poset and follow this with Sec. VI where we address quantification of intervals between events. There we demonstrate that consistent quantification

> with respect to multiple chains exhibiting a constant relationship with one another results in a metric analogous to the Minkowski metric and that transformation of the quantification with respect to one pair of chains to quantification with respect to another pair of chains results in a pairtransform, which is analogous to the Bondi k-calculus formulation of Lorentz transformations.[6] In Sec. VII, we demonstrate how this results in the mathematics of flat space-time. Finally, in Sec. VIII, we develop the concept of subspace projection, which gives rise to the dot product. Collectively, these results suggest that the concept of space-time geometry emerges as the unique way for an embedded observer or agent to consistently quantify a partially ordered set of events.

これに先立つ部分のイントロダクションは、この論文も本書の型にきれいに沿っています。ただBody部分は上記が示すように、この分野の論理の流れに沿った考察、数式、証明などで構成されていると推察できます。

まとめると、

> ✓ 理論科学は特に論文中間部分が実験科学と異なる。

理論系の科学を専攻する人もやはりモデル論文をたくさん集めて、論文執筆時の座右の銘としましょう。

2. 態と時制の役割：受動態の過去形/現在形

　メソッド・セクションでは受動態が頻出します。その理由は、誰が実験をしたかでなく、実験に焦点があり、誰が行っても同じ結果を期待できる客観性を受動態が表現できるからです。ただし分野や学術誌によっては能動態を好むこともあります（その方が文章は短く、能動態のインパクトがあり、何よりも英語はもともと能動態を好むため）。学術誌によってはガイドラインにその旨を述べていますので、これから投稿予定の学術誌のルールを調べましょう。能動態を使うならば、we を用います。また機械や道具などが主語となる能動態もあります。

> ✓ メソッド・セクションは受動態が多く使われる。
> ✓ 能動態を使う場合は we 又は無生物が主語になる。

　ところで科学論文において受動態を使うと、主語が大変長くなることがよくあります。主語が長い文は中学・高校では悪文と習ってきているかもしれませんが、科学論文に限っては許容されます。時制では過去形が頻出しますが、現在形やその他の形も見られます。時制によって意味がまったく違います。作り方と用法に慣れることが肝要です。

　まとめると、メソッド・セクション作成時、まず学ぶべきポイントとして、

> ✓ 受動態の作り方と意味を理解する
> ✓ 時制による意味の違いに馴れる
> ✓ 投稿先のルールにしたがう

以上が最優先の学習事項となります。

受動態の作り方

まずウォームアップとして、受動態を作る練習をしましょう。

《 タスク 19 》

動詞 use を使って受動態を作りましょう。
下記の文のカッコ内を以下の時制に書き換えましょう。

The preceding method (be used).

下表を完成しましょう。

	単数（method）	複数（methods）
現在形	*is used*	
過去形		
現在完了形		
can		
will		

　上記にでき上がった 5 つの文章はそれぞれ意味が異なりますが、違いがわかりますか。それぞれ論文中のどのようなコンテキストで使われるか考えられれば、かなり英語のロジックに馴れてきている証拠です。反対にまったく想像できなければ、モデル論文など内容をよく理解できている文章のコンテキスト中で、類似表現を探して出し、意味を探ってみましょう。塊で理解するのが最短の上達法です。

　では次に、タスク 20 で自分の研究にとって将来使えそうな動詞を下記から一つ選び、同様に例文を作りましょう。

《 タスク 20 》

動詞を一つ選んで受動態の 5 つの例文を作りましょう。

[mark / determine / measure / filter / provide / perform]

まず、下表を完成しましょう。

	単　数	複　数
現在形		
過去形		
現在完了形		
can		
will		

簡単で使えそうな主語を考えましょう。
　　　　　＿＿＿＿＿＿（モデル論文参照可）
選んだ主語と 5 つの動詞形を用いて例文を書きましょう。

1) ＿＿＿＿＿＿＿＿＿＿＿＿＿＿＿＿＿＿＿＿＿＿＿＿＿＿＿＿
2) ＿＿＿＿＿＿＿＿＿＿＿＿＿＿＿＿＿＿＿＿＿＿＿＿＿＿＿＿
3) ＿＿＿＿＿＿＿＿＿＿＿＿＿＿＿＿＿＿＿＿＿＿＿＿＿＿＿＿
4) ＿＿＿＿＿＿＿＿＿＿＿＿＿＿＿＿＿＿＿＿＿＿＿＿＿＿＿＿
5) ＿＿＿＿＿＿＿＿＿＿＿＿＿＿＿＿＿＿＿＿＿＿＿＿＿＿＿＿

過去受動態の表すもの

　メソッド・セクションは過去形の受動態で出来ている論文が多いことでしょう。なぜなら実験で行ったことは specific な行為として過去形で記録され、主語である物や実験に焦点を置き受動態を使う結果、過去形かつ受動態となるからです。

ところで受動態は能動態から書き換えた時に元の主語を by で示すことができましたね。ただ前置詞は by に限りません。それぞれの動詞特有の前置詞を伴い、フレーズを作ることがあります。たとえば、

> The snow covered the ground.
> → The ground was covered <u>with</u> the snow.

この場合 'be covered with' とフレーズで勉強してきた人も多いでしょう。同様に科学に特有の**塊表現**を科学論文でも見つけては、書き留める習慣をつけましょう。

《 タスク21 》

下記論文の受動態を調べ、将来自分の論文に使えそうな受動態の前置詞を含む動詞慣用句を抜き書きしましょう。

be ＋ 過去分詞 ＋ 前置詞

- _____
- _____
- _____
- _____
- _____

The $[MoFe_3S_4]^{2+}$ Oxidation State: Synthesis, Substitution Reactions, and Structures of Phosphine-Ligated Cubane-Type Clusters with the $S = 2$ Ground State

EXPERIMENTAL SECTION

Preparation of Compounds. All reactions and manipulations were performed under a pure dinitrogen atmosphere using either Schlenk techniques or an inert atmosphere box. Solvents were passed through an Innovative Technology solvent purification system prior to use. Benzene was distilled from sodium benzophenone ketyl. All solvents were further deoxygenated before use. Solvent removal steps were performed in vacuo; filtrations were through Celite. Extraction and crystallization steps were performed in the presence of excess PEt_3 to promote cluster stability, apparently by repressing dissociation of bound phosphine. All new compounds were identified by combinations of ^{1}H NMR spectroscopy, X-ray crystal structure determinations, and elemental analyses (Midwest Microlab). Neutral compounds are soluble in nonpolar or weakly polar solvents such as benzene, toluene, and THF and are extremely air-sensitive and must be handled accordingly.

[(Tp)MoFe$_3$S$_4$(PEt$_3$)$_2$F]. To a dark brown solution of 62 mg (0.049 mmol) of [(Tp)MoFe$_3$S$_4$(PEt$_3$)$_3$](BPh$_4$)[6] in 4 mL of THF was added 16 mg (0.051 mmol) of Bu$_4$NF・3H$_2$O in 1 mL of THF. The reaction mixture was stirred for 10 min, filtered, and the brown filtrate was reduced to dryness. The residue was extracted with 5 mL of THF (containing 10 mg (0.085 mmol) of PEt$_3$) and layered with hexanes. The product was obtained as 30 mg (72%) of black block-like crystals. ^{1}H NMR (THF-d_8): δ 20.08 (2), 19.0 (br, 2), 9.88 (1), 8.68 (1), 5.22 (2), 3.10 (6), 2.50 (24). The presence of fluoride in this compound was demonstrated by an NMR method (see below).

[(Tp)MoFe$_3$S$_4$(PEt$_3$)$_2$Cl]. To a dark brown solution of 258 mg (0.20 mmol) of [(Tp)MoFe$_3$S$_4$(PEt$_3$)$_3$](BPh$_4$) in 5 mL of THF was added a solution of 79 mg (0.21 mmol) of Ph$_4$PCl in 5 mL of acetonitrile. The reaction mixture was stirred for 2 h, filtered to remove a white solid, and the brown filtrate was reduced to dryness. The residue was extracted with 10 mL of THF (containing 20 mg (0.17 mmol) of PEt$_3$) and layered with hexanes.

The product was isolated as 130 mg (74%) of black needles. ^{1}H NMR (THF-d_8): δ 19.30 (2), 18.5 (br, 2), 9.74 (1), 9.20 (1), 5.63 (2), 3.09 (6), 2.74 (18), 2.54 (6). *Anal.* Calcd. for $C_{21}H_{40}BClFe_3MoN_6P_2S_4$: C, 28.78; H, 4.60; N, 9.59. Found: C, 31.39; H, 4.74; N, 9.35.

では、次にあなたのモデル論文を、巻末の**提出タスク5**で同様に調べましょう。

一般的手順の現在受動態

　メソッド・セクションにおいて、現在形の受動態が現れることもあります。これは一般的な手順（general process）やスタンダードな方法（standard procedure）を説明する時に用います。

　タスク22の、*Physical Review*論文のメソッド・セクションで調べましょう。

《タスク22》

1) 現在形の受動態やその他過去・現在以外の受動態を見つけて、以下に文章を抜き書きしましょう。

　現在受動態　＿＿＿＿＿＿＿＿＿＿＿＿＿＿＿＿＿＿
　＿＿＿＿＿＿＿＿＿＿＿＿＿＿＿＿＿＿＿＿＿＿＿
　＿＿＿＿＿＿＿＿＿＿＿＿＿＿＿＿＿＿＿＿＿＿＿
　＿＿＿＿＿＿＿＿＿＿＿＿＿＿＿＿＿＿＿＿＿＿＿

　他の受動態　＿＿＿＿＿＿＿＿＿＿＿＿＿＿＿＿＿＿
　＿＿＿＿＿＿＿＿＿＿＿＿＿＿＿＿＿＿＿＿＿＿＿
　＿＿＿＿＿＿＿＿＿＿＿＿＿＿＿＿＿＿＿＿＿＿＿
　＿＿＿＿＿＿＿＿＿＿＿＿＿＿＿＿＿＿＿＿＿＿＿

II. EXPERIMENTAL DETAILS

Single crystals of $BaFe_2As_2$, $(Ba_{0.55}K_{0.45})Fe_2As_2$, and $SrFe_2As_2$ were grown out of a Sn flux using conventional high-temperature solution growth techniques.[12] The details of the growth as well as thermodynamic and transport properties of these crystals are described in Refs. 5 and 8. At ambient pressure the structural phase transition in $BaFe_2As_2$ is marked by a rapid increase in in-plane resistivity, whereas in $SrFe_2As_2$ in-plane resistivity abruptly decreases below such transition. The pressure dependencies of the structural phase-transition temperature T_0, the superconducting phase-transition temperature T_c, and the upper critical-field H_{c2} were determined from the temperature-dependent in-plane resistance. Pressure was generated in a Teflon cup filled with either a 60:40 mixture of n pentane and light mineral oil or Fluorinert FC-75 inserted in a 22-mm-outer-diameter, nonmagnetic, piston-cylinder-type, Be-Cu pressure cell with a core made of NiCrAl (40 KhNYu-VI) alloy. The pressure at room temperature was monitored by a manganin, resistive pressure gauge. At low temperatures the pressure value was determined from the superconducting transition temperature of pure lead.[13] Low-temperature pressure values will be used throughout most of the text as the pressure remains almost constant in similar geometry cells on cooling below ~ 100 K.[14] The data for the pressure dependent room-temperature resistance and structural (antiferromagnetic) transition in $SrFe_2As_2$ use either room-temperature values of pressure or an interpolation of pressures for intermediate temperatures. The temperature and magnetic-field environment for the pressure cell was provided by a Quantum Design Physical Property Measurement System (PPMS-9) instrument. An additional Cernox sensor, attached to the body of the cell, served to determine the temperature of the sample for these measurements.

> The cooling rate was below 0.5 K/min, the temperature lag between the Cernox on the body of the cell, and the system thermometer was < 0.5 K at high temperatures and 0.1 K or less, below 〜70 K.

3. さあライティングしよう

　以上でメソッド・セクションを書く基本的準備は整いました。もう一度要点を復習して、抜き書きした表現を参考に**章末タスク３**のライティングをしましょう。

> **巻末の章末タスク３では、小見出しを使って文章を書きます。**
> 　その際、自分の分野で使っている小見出しをカッコに書いてから、執筆しましょう。すべてを書くスペースも時間もありませんので、余白が埋まったら、次のセクションへと書き進めましょう。

コラム3　逐語訳では通じない

　日本語の「とても素晴らしい！」を仮に逐語訳すると、「とても」＝ very,「素晴らしい」＝ excellent になり 'Very excellent!' になってしまいますね。ですが、この逐語訳は間違いです。理由は英語には一語だけで最上級の意味を表す形容詞があり、程度を表す very や最上級の the most などの表現を付け加えられません。いわば意味上の重複になります。ですから正解は 'Excellent!' 一語です。よく知られている他の例に favorite, unique, total, correct などがあります。たとえば correct は正しいか正しくないかどちらかですね。ですから very などの程度表現を原則的に受け付けません。

　皆さんは、アガサ・クリスティという推理作家の作品に出てくる、アルキュール・ポアロという私立探偵をご存知でしょうか。教え子の大学院生達が何か英語で苦痛なく読めるような、軽いサイド・リーディングの教材を考えていた時、推理小説はどうかと思って、クリスティ作品を集めて読みました。BBC 作成の音声 CD もあり、美しいブリティッシュ・イングリッシュに、これはいいかもと喜んでいました。ところが、作品の主役であるこのベルギー人探偵が、外国人風の英語で間違いスレスレの英語を話します。たとえば感嘆した時、'Very excellent!' などと平気で叫びます。魅力的教材なのですが、残念ながらポワロは教材に使うのは断念しました。ちなみに間違っているはずなのにポワロが言うとなんだかチャーミングというかキュートな感じになります。不思議ですね。だから犯人は油断してボロを出すのでしょうか。改めて作家とは微妙に言葉とその効果を操る人々なのだなと思います。

第4章

リザルツとディスカッション・セクション

1. 骨組み：事実・意見・一般化

　この章ではリザルツ・ディスカッション・コンクルージョンのセクションを合わせて扱います。リザルツ・セクションはメソッドとともに論文の中核であり主役です。データを見ただけではわからない、実験結果のハイライトを指摘します。ディスカッションではリザルツを解釈し自分の見解を述べ、コンクルージョンでまとめて一般化し、将来の研究の可能性に言及します。

　このセクションには大きく分けて二つの型があり、リザルツとディスカッションが合体したものと分離したものがあります。コンクルージョンに関してはないものもあり、その場合ディスカッションの最後のパラグラフがコンクルージョンの代用となっていることが多いようです。まずタスク23で、自分のモデル論文を調べてみましょう。

《タスク23》
あなたのモデル論文のリザルツ・セクションの次にはどのセクションがありますか。○×を書きましょう。

	論文1	論文2
Results　　単独		
Discussion　単独		
Results and Discussion		
Conclusion		

違う分野のクラスメートと呼び名を比べ、お互い知見を広げましょう。

* _____
* _____

リザルツとディスカッションが合体している場合、さらに大きく分けて二つの型があり、以下の図のようになっていました。

タイプ1

タイプ2

あなたのモデル論文はどちらですか。確認しましょう。

次に、全体に占める配置としてリザルツは砂時計の中央の四角形の最後です。内容的にはメソッドに呼応し、実験結果を述べます。

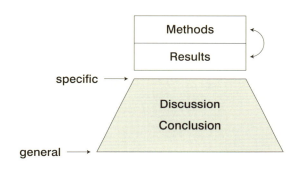

ディスカッション以下は砂時計の最後の台形にあたり、末広がりの形はspecific から general への移行を表します。この構図は論述が終わることを示唆し、自分の研究が将来のどのような研究へとつながるのか、などと話題を広げて論文を終わらせることが一般的です。

specific	Results	事実 (objective)
↓	Discussion	意見 (subjective)
general	Conclusion	まとめ (general)

イントロダクションが general な流れから specific なトピックへと移行することの、ちょうど逆さまになっていることがわかります。ですので台形も逆さまです。

まとめると、一般的に英語論文リザルツ・ディスカッション・コンクルージョン・セクション作成において、まず注意すべきこととして、

- ✓ リザルツにおける実験データの文章化
- ✓ ディスカッションにおけるキイ・リザルツの文章化
- ✓ コンクルージョンにおけるまとめと、一般化して終える述べ方

以上が最優先の学習事項となります。

リザルツはデータと違う

　リザルツを「結果」と直訳せずカタカナを残しているのには理由があります。それは日本語の「結果」は「データ」のニュアンスが強いからです。日本語の以下のような会話を見てください。

　　「結果は？」
　　「15番。」

このように、数値データを結果と呼びますね。これは混乱を招きます。
　科学論文においてリザルツはデータではなく「文章化された結果」という含意があります。では文章化して、「Aは1、Bは5でした」と書けば、リザルツでしょうか。これも表やグラフを見ればわかるデータであり、リザルツとは呼べません。リザルツはコントラストや比較の入った表現を用い、注目すべきデータを紹介する役割をします。たとえば以下の例のようになります。

　　データ：　「Aは1、Bは5」
　　リザルツ：「AはBより小さかった」「BはAの5倍である」
　　　　　　　「BはAよりかなり大きい」など

比較のみならず、AかBかどちらに注目しているかもリザルツは伝えます。

　以上の点に注意して、次のタスクをしましょう。

タスク 24

以下の文章をリザルツに書き換え、文章を完成させましょう。

1) In 2012 Canada produced 84 million metric tons of soybeans, while China produced 21 million metric tons.

   → *The amount of soybeans produced in Canada was* _____
   _____.

2) In 2013 India produced 23 million metric tons of soybeans, while China produced 21 million metric tons.

   → *The amount of soybeans produced in India was* _____
   _____.

　たとえばタスク 24 の 2) のリザルツを、あなたは「より多い」としましたか、「ほぼ同じ」としましたか。このようにリザルツには著者の判断が入り、解釈が違いますね。

　さて 1) は 84 と 21 の比較ですので「大変多い」、2) は 23 と 21 の比較ですから「少し多い」ともいえます。もしもそのような程度表現を入れて表現したかったならば、どうすればよいでしょうか。その場合、一つの解決方法が、以下です。

　　considerably larger,
　　slightly larger,

など程度を表す副詞を入れることです。これらは科学論文に頻出します。このようなコントラストや比較表現については、後に練習します。

1. 骨組み：事実・意見・一般化

ディスカッションの構造

　ディスカッション・セクションはリザルツと合体している場合には、パラグラフの途中から最後にあったり、セクションの最後に固めてあったりすることはすでに述べました。まずモデル論文をよく分析しましょう。単独の場合リザルツより短い傾向があります。

　文章の作り方は、データから作った文章であるリザルツをさらに解釈（interpret）すると考えるとよいでしょう。つまり、

　　　　データ　→　リザルツ　→　ディスカッション

と、より抽象化されていきます。

　ディスカッション単独の場合の構造は以下のようになっているのが典型ですが、バリエーションがあります。

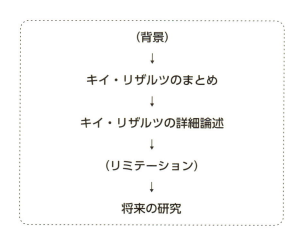

カッコに入っている要素はある時とない時がある部分で、背景とリミテーション（当研究の限界）はないものも多くあります。

　以上を参考に、最終的にはあくまで自分のモデル論文を参考にしましょう。
　では、以下のタスクで練習しましょう。

《 タスク 25 》

下記のディスカッション・セクションをみて、その構造を調べましょう。

1) キイ・リザルツの一文を抜き書きしましょう。

2) 研究背景に下線を引き、逆説の接続詞に○をしましょう。

3) 将来の研究に言及していますか。していれば、本文に下線を引きましょう。

Endophilin marks and controls a clathrin-independent endocytic pathway

Discussion

Endophilin has been associated with clathrin-mediated endocytosis, but recent studies suggested that this view may need to be broadned[15,38]. We present evidence that endophilin functions at the nexus of a clathrin-independent, dynamin-dependent pathway of endocytosis, operating from distinct regions of the cells, on a different timescale to clathrin-mediated endocytosis (Extended Data Fig. 10j). We define the FEME pathway as the rapid formation (seconds in our cells) at the cell surface of tubulo-vesicular ($< 1\,\mu$m) carriers, positive for endophilin, that rapidly travel towards the cell centre promptly after stimulation of cargo receptors by their cognate ligands.

Possibly, this will be extended to the growth cones and synapses in neurons where fast clathrin-independent endocytosis was reported[14,15,39].

Building an endocytic vesicle requires cargo recruitment adaptors, membrane curvature effectors and a membrane scission machinery[40]. Endophilin has all these characteristics in one protein, thus explaining its central role in FEME carrier formation. Its SH3 domain binds to cargo receptors, its BAR domain induces membrane curvature, and by insertion of its multiple amphipathic helices, can support membrane scission41, aided by the recruitment of dynamin[13]. Weshowthat, mechanistically, receptors need to be activated to become FEME cargoes, and that $PtdIns(3,4)P_2$, produced from the dephosphorylation of $PtdIns(3,4,5)P_3$ by SHIP phosphatases, mediates the engagement of amellipodin, which in turn recruits endophilin at the plasma membrane.

The FEME pathway mediates the cellular entry of thewell-established clathrin-independent cargoes[24,42,43] cholera and shiga toxins (see accompanying paper[44]) and IL-2R but not of the other cargoes tested. The variety of receptors entering by the FEME pathway suggests a role inmany cellular functions and presents ample opportunity for viruses and other pathogens to exploit the pathway.

では、次にあなたのモデル論文の構造はどうなっているか、巻末の**提出タスク6**で調べましょう。

コンクルージョンの役割

コンクルージョンは、通常は論文の最後に位置し、全体を振り返りまとめる役割があります。コンクルージョン単独のセクションは、あったりなかったりします。ない場合、最後のセクションの最終パラグラフがコンクルーディング・パラグラフになっている場合があります。内容的にはディスカッションか

らまとめに入り、さらに一般化して論文を終えています。
　以下の例をみて、タスクをしましょう。

《 タスク 26 》

以下にあたる文章を抜き書きしましょう。

1) キイ・リザルツ _____
_____
_____
_____

2) 将来の展望 _____
_____
_____
_____

Deconstructing transcriptional heterogeneity in pluripotent stem cells

Conclusion

The diverse range of conditions under which pluripotency can be induced ormaintained has been accompanied by reports of molecular and functional variation. Here we analysed the dynamic transcriptional landscape of pluripotent stem cells subject to a number of chemical and genetic perturbations. Applying single-cell analytics, wegleaned a number of essential insights. We found that different classes of genes manifest high or low expression variability in PSCs, with housekeeping and metabolic gene sets showing consistent expression across individual cells, while genes involved in signalling pathways and development were considerably more variable. Moreover, expression states of variable regulatory actors were coupled together, implying the presence of a regulated biological network. Analysis of chemical and genetic perturbations led to the discovery that depletion of miRNAs mimicked the transcriptional ground state of pluripotency routinely induced by culture in 2i + LIF, conditions that block the dominant ERK and GSK3 signalling pathways that converge on the *Myc/Lin28*/let-7 axis. Our data shed light on the transcriptional dynamics of the pluripotent state at the single-cell level, and demonstrate how regulation of gene expression variation relates directly to the transition between pluripotency and differentiation. Transcriptional heterogeneity is increasingly being recognized as a key component of many biological processes[46-48]. It will be of interest to map stable and flexible regulatory nodes in networks governing other progenitor and differentiated cell types to discern common principles underlying network architecture and gene expression variability.

コンクルージョンも論文の数を多く読むうちに、まとめ方がわかってくるでしょう。分野によっては、この部分に他の研究と比較する文章が多く入る分野もあります。では、あなたのモデル論文のコンクルージョンも同様に調べてみましょう。

《タスク 27》
抜き書きしましょう。

1) キイ・リザルツ _____
_____
_____
_____

2) キイ・リザルツの後に続く詳細に、多研究との比較がある。

Yes / No

Yes ならば以下に、他研究との比較を抜き書きしましょう。

_____
_____
_____
_____

2. 一般化表現（generalization）

　砂時計の最後の台形が徐々に一般化するセクションを表すということはすでに述べましたが、具体的に文章ではどのように異なる表現なのでしょうか。リザルツがデータに比べてより一般的なのは、文章化により数値に意味を持たせるからだということは、すでに学びました。

　ではディスカッションがリザルツと比べて、より一般的とはどういう意味でしょうか。以下の点がしばしば指摘されます。

　ディスカッションは、

- ✓　より抽象的である
- ✓　より理論的である
- ✓　より分野全体とつながっている

　一般化するというのは、specific から general へと抽象化することです。だから、より理論的になりがちであり、より分野全体へと general な話へと話を広げることにつながります。しかしそのいっぽうで、科学的には過度の一般化には慎重になるべきです。そのため、それを避ける文章表現も同時に必要になり

ます。これはヘッジング（あいまい表現）と呼ばれます。
　まとめると、リザルツ・ディスカッション・コンクルージョン・セクション作成時、まず学ぶべきポイントとして、

- ✓ 数値データを一般化するための比較表現、頻度表現
- ✓ 過度の一般化を避けるための表現（ヘッジング）
- ✓ リミテーションと将来の展望表現

以上が最優先の学習事項となります。

リザルツと比較・頻度表現
　タスク28の例文は、ある論文のリザルツ・セクション途中です。増減および同等や比較表現について分析してみましょう。

《 タスク28 》
1) 同等・比較表現を以下に抜き書きしましょう。

2) その中の程度の副詞

3) 上の表現を用い、リザルツの文章を一つ作りましょう。

> *To summarize*, tetragonal to orthorhombic, structural (antiferromagnetic) phase transition is suppressed by pressure both in lightly Sn-doped $BaFe_2As_2$ and in $SrFe_2As_2$ with similar initial pressure derivatives $dT_s/dP \approx -1$ K/kbar that is approximately two times faster than in nonsuperconducting $SmFeAs(O_{0.95}F_{0.05})$ (Ref. 22) and an order of magnitude slower than in $CaFe_2As_2$.[10] A moderate pressure of ~ 80 kbar, or less, is expected to suppress the structural phase transitions completely in both materials.

さらに以下のタスクをしましょう。

《タスク29》

1) 文中のハイライトされた語句から drop sharply の反対表現を見つけましょう。

_____

2) ハイライトされた語句を変化や差異の種類で分類しましょう。

	表　現
増える	
減る	
無変化／同じ	

2.　一般化表現（generalization）

それぞれを強調または弱める表現もさがしましょう。

	表　現
強調副詞	
弱める副詞	

For superconducting $(Ba_{0.55}K_{0.45})Fe_2As_2$, the normal-state resistivity decreases under pressure [again, similarly to $CaFe_2As_2$ (Ref. 10)] through ~15 kbar as shown in Fig. 2(a). The normal-state resistance values for the next pressure, 20.4 kbar, jump upwards, however this jump seems to be extrinsic since the normal state $R(T)$ retains a positive offset when we back off the pressure to 12.9 kbar. It seems reasonable to assume that this resistance jump after the fourth pressure run was caused by some change in the geometric factor of the sample, such as development of a small crack. Indeed, the normalized resistivity $\rho(T)/\rho(300\,K)$ does not change significantly with pressure. Based on this, it is worth noting that [Fig. 2(a), inset] the 20.4 kbar run yields data consistent with the first four pressure runs' normal-state resistance values if they are scaled with the last, 12.9 kbar, curve, as shown in Fig. 2(a). It should be emphasized that this jump in the normal-state resistance has no bearing on the superconducting transition temperature behavior under pressure.

The superconducting transition temperature decreases under pressure with some (reversible) broadening of the resistive transition [Fig. 2(b)]. For different criteria in the determination of T_c, the pressure derivatives are $dT_c^{\text{onset}}/dP = -0.15 \pm 0.01$ K/kbar and $dT_c^{\text{offset}}/dP = -0.21 \pm 0.01$ K/kbar [Fig. 2(b)]. The upper critical field in $(Ba_{0.55}K_{0.45})Fe_2As_2$ is expected to be extremely high, on the order of 1,000 kOe.[5,15,16] Our measurements, up to 90

> kOe, can probe only a small section of the $H_{c2}(T)$ curve, close to zero-field T_c. The $P = 0$ $H_{c2}(T)$ data are similar to that in Ref. 5. Under pressure, the $H_{c2}(T)$ appear to shift (Fig. 3), following the shift of T_{c0} without changes in the slope or curvature.
>
> The temperature-dependent resistance of $SrFe_2As_2$ at different pressures is shown in Fig. 4. Applied pressure noticeably lowers the high-temperature (tetragonal phase) resistance, as has been the case for $CaFe_2As_2$, $BaFe_2As_2$, and $(Ba_{0.55}K_{0.45})Fe_2As_2$.

今度は巻末の**提出タスク7**で、自分のモデル論文のリザルツ・セクションを同様に調べましょう。

ディスカッションとヘッジング（あいまい表現）

ディスカッション・セクションでは、データによって支えられたリザルツにさらにハイライトを加える文章を作ります。そのような部分を選びだし文章化するためには確かな判断力と知性が必要です。言い換えるとそのような能力を発揮するよい機会であるともいえます。

その際に一般化することが避けられないわけですが、一般化には常に言い過ぎになるリスクがつきものです。範囲を超えて言うことは特に批判の的にもなりますので、英語ではヘッジングと呼ばれる表現を用い、主張の強弱の調節をして論戦に備えます。あいまい表現とも呼ばれます。ただし、あまりに慎重になりすぎてヘッジングしすぎると主張が薄まり、何も言っていないのと同じになってしまいます。さじ加減を的確に選びましょう。まとめると、ディスカッションでは、

- ✓ より大事な部分を選ぶ識別能力を発揮できる
- ✓ 合理的範囲、論戦で防御できる範囲を超えて主張しない
- ✓ ただしヘッジングのしすぎも避ける

以上が大事な点です。

ヘッジングには、動詞の選別、例外の追加などさまざまありますが、タスク30では最も代表的な助動詞の用法を学びましょう。

《タスク30》

1) 以下から、一番強い言いまわしと、一番慎重な言いまわしをえらびましょう。

A) The data may be explained by this.
B) The data might be explained by this.
C) The data can be explained by this.
D) The data could be explained by this.

強 _____   弱 _____

リミテーションと将来の展望

リミテーションは研究の限界としてディスカッションやコンクルージョンによく現れます。それは将来の研究の展望とつながっています。したがって、解決しようがない限界、しそうにない限界ではなくて、むしろ当研究の分野がいかに将来も研究に値する分野か、研究がどのように応用が可能かなど、話題を明るい展望へと向けて論文を終えます。たとえば

〈文例〉
- The findings of this study are restricted to A. Further research should be encouraged to examine B.
- However, some limitations are worth noting. A... Further studies are needed.

リミテーションは必須ではなく、ない論文もありますが、査読後の論文にリミ

テーションをつけ加えよと指示が出されることもあります。以下のタスクで調べましょう。

《タスク31》

以下にあたる文章があれば、本文に下線を引きましょう。

1) リミテーション
2) 将来の展望

Self-Assembling Light-Harvesting Systems from Synthetically Modified Tobacco Mosaic Virus Coat Proteins

Conclusions

By taking advantage of the robust nature of TMVP self-assembly and the rigid positioning that the resulting scaffolds provide, this new light-harvesting system provides a useful building block for optical device construction. Its modular nature allows the composition of chromophores to be changed easily to match virtually any spectral input. To incorporate these assemblies into photovoltaic and photocatalytic devices, current efforts are focusing on the use of additional chemical modifications to attach synthetic functionalities to the inside and outside of the light-harvesting rods.[11f] In terms of fundamental research, this system could be used as a scaffold for modeling the multidonor energy transfer that occurs in natural systems. With this goal in mind, time-resolved fluorescence studies are in progress to gain further understanding of the energy-transfer characteristics of this system.

では、次にあなたのモデル論文の構成はどうなっているでしょう。以下のタスクで調べましょう。

《タスク32》
モデル論文のコンクルーディング・パラグラフ（本文の最後のパラグラフ）の前後から以下にあたる文章があれば、抜き書きしましょう。

リミテーション _____
_____
_____

将来の展望 _____
_____
_____

もし見つからなければ、もう一つのモデル論文でさがしましょう！

3. さあライティングしよう

　以上でリザルツ・ディスカッション・コンクルージョン・セクションを書く基礎的準備は整いました。もう一度要点を復習して、抜き書きした表現を参考に**章末タスク4**のライティングをしましょう。

> **巻末の章末タスク4では、二つのセクションを別に書きます。**
> 自分野では普通あわせて書く学習者は、このエクササイズでは別に書いて後に融合させてみましょう。すべてを書くスペースも時間もありませんので、一応余白が埋まったら、次のセクションへと書き進めましょう。時間があれば別紙に続きを書きましょう。

コラム 4　文章は構築の仕方で意味をなす

　アメリカで大学院生のライティングによく使われている教材が、George Gopen の *The Sense of Structure*（構造の意味）です。構造は structure で文章の構築の仕方を指し、本書の節見出しの「骨組み」も英語では structure なので、学習目的は同じです。いかに組み立てによって文や文章の意味が変わるかを Gopen は説きます。この本の有名な例文から文章の違いを考えてみましょう。

1. Although Fred's a nice guy, he beats his dog.
2. Although Fred beats his dog, he's a nice guy.
3. Fred's a nice guy, but he beats his dog.
4. Fred beats his dog, but he's a nice guy.

ここで Gopen は「フレッドはいい人」と「フレッドはイヌをたたく」という対立する二つの情報を与えます。それぞれの文を読み上げ、「フレッドがいい人か悪い人か」を学生に判断させ、統計をとります。皆さんはどうでしょう。一般的な結果としては、良い順に、2 > 4 > 3 > 1 となるようです。理由は 1、2 は主節が従属節より強いから、3、4 は後置文章の方が強いからです。しかし 3、4 は but による等位接続ですので判断が難しく読者は迷い票も割れます。そこで 2、3 位を占めます。この例で科学者にとって大事なのは、4 つの文章においてデータ部分は一言一句同じであることです。データレベルでは同一でも、どう構築したかで意味が変わるのです。だから「構造の意味」です。リサーチの問題点よりも価値を強調したければ、等位ではなく、従属接続で、価値が最も評価される位置にデータを置きましょう。そもそも but と although の等位 vs. 従属の違いは和訳では表せません。したがって書くときも、差異をあまり考えない人も多いのではないでしょうか。塊としての英語のニュアンスは大きく異なります。文章は構築の仕方で意味をなす一例を挙げました。

第 5 章

アブストラクト

1. 骨組み：全体のエッセンス

　アブストラクトは、その論文への窓であるとよく言われます。全体のエッセンスを凝縮したものであり、最初に多くの人の目に入るものですから大変重要な役割をになっています。呼び方にはいろいろあり、サマリー、アブストラクトが最も一般的な呼び名ですが、バックグラウンドと呼ばれることもあるようです。

　まず自分の分野での呼び名を自分のモデル論文で調べてみましょう。

《 タスク 33 》

要約部分が何と呼ばれているかを調べ、以下に書きましょう。

* _____
* _____

違う分野のクラスメートと呼び名を比べてみましょう。

* _____
* _____

次に凝縮の仕方について具体的に調べましょう。アブストラクトにはいくつかのバリエーションがありますが、まずここでは投稿論文と共に提出義務のある、まとめとしてのアブストラクトを扱います。学会や学術誌への採否の第一段階はアブストラクトのみで行われることも多く、この部分は時間と労力を多くさくべきセクションといえます。論文の顔、窓といわれるゆえんがここにあります。

　さて、論文全体が砂時計型だったわけですから、多くの場合、凝縮型もいわば小型砂時計になっています。背景から入って、キイとなる結果へ絞り、将来の可能性などに話題を広げます。図示すると以下のようになります。

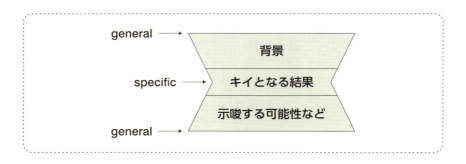

　論文において結果が重要なように、アブストラクトでは砂時計の一番狭まったところ、すなわちキイとなる結果に、読者の注目はまず集まります。この部分を読むことによって、論文全体が自分の興味のある内容かを読者は素早く判断するといってもよいでしょう。ですから、この部分はそれとすぐわかる文章である必要があります。たとえば学術誌 *Nature* ではかつて 'Here we show' を推奨していました。以下は短いアブストラクトですが、小さな砂時計型をしています。以下のタスクをしましょう。

《タスク 34》

キイ・リザルトに下線を引きましょう。

> **Tuning Reactivity and Site Selectivity of Simple Arenes in C–H Activation: Ortho-Arylation of Anisoles via Arene-Metal π-Complexation**
>
> Current approaches to achieve site selectivity in the C–H activation of arenes involve the use of directing groups or highly electron-poor arenes. In contrast, simple arenes, such as anisole, are characterized by poor reactivity and selectivity. We report that π-complexation to a $Cr(CO)_3$ unit enhances the reactivity of anisoles providing an unprecedented *ortho*-selective arylation. This mild methodology can be used for the late stage functionalization of bioactive compounds containing the anisole motif, allowing the construction of novel organic scaffolds with few synthetic steps.

今度は自分のモデル論文のアブストラクトを同様に調べましょう。モデル論文のアブストラクトをみて、キイ・リザルツにあたる文章を調べましょう。どのような表現が使われていますか。タスク35で主要部分を書き出しましょう。

《タスク 35》

論文1のキイ・リザルツ _____
_____
_____

論文2のキイ・リザルツ _____
_____
_____

1. 骨組み：全体のエッセンス

上の2つの文章の重要表現にアンダーラインを引きましょう。
上記文章の中に論文キイワードが入っていますか。キイワードを以下に書き抜きましょう。

論文1のキイワード _____
論文2のキイワード _____

　アブストラクトには厳しい語数制限があり、その中で効果的にキイワードをすべて含む文章を組み立てていかねばなりません。
　まとめると、一般的に英語論文アブストラクト作成において、まず注意すべきこととして、

- ✓ 求められる語数を調べ、どのバリエーションかを判断する
- ✓ 小さな砂時計型でキイ・リザルツを強調する
- ✓ キイワードがすべて含まれるように注意を払う
- ✓ 当論文中、最も読者が多い部分と心得、文章を練る

以上が最優先の学習事項となります。

長短のバリエーションと目的

　一般的にアブストラクトは必要十分な内容を凝縮させた密度と同時に短さを求められます。一般的に長いもので150語から200語が上限となります。参考までに学術誌 *Nature* はサマリーの長さを50〜150語、アメリカ化学会の学術誌の一つ *JACS* は80〜200語が一般的と推奨しています。

> **《タスク36》**
>
> モデル論文のアブストラクトをみて、その長さを調べましょう。
>
> 　　　　　　　論文1：＿＿＿＿　語　＿＿＿＿　文
> 　　　　　　　論文2：＿＿＿＿　語　＿＿＿＿　文
>
> 違う分野のクラスメートと長さを比べてみましょう。そこから、アブストラクトの長さの最短と最長を以下に書き入れましょう。
>
> 結果：
> 自分たちが調べたアブストラクトは（　　　）語から（　　　）語、（　　　）文から（　　　）文の長さに渡る幅があった。
>
> 分野によって長さの傾向に違いはありましたか？　　　Yes, No

　アブストラクトにはもう一つの短い型があり、こちらは一般的に50語から80語程度で、さらに絞った、論文の要点のみの紹介となります。タスク36のアブストラクトにおいて最短のものは、このカテゴリーに入る可能性があります。その場合はキイ・リザルツが第一文となることが多く、続く文章はその詳細や補足となります。いっぽう短いながらも砂時計型をしたものやキイ・リザルツが最後に来るものもあります。いずれにせよ2〜3文で書かれることが多く、1つの文に方法、示唆なども含むため、相当の凝縮テクニックを要します。ある意味で短い方が上手に書くのが難しいともいえます。

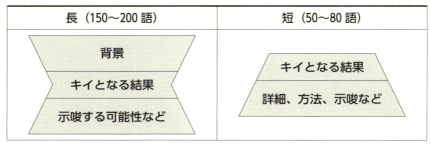

(どちらの型もバリエーション有)

セクション別に分析しよう

　アブストラクトのもう一つの問題として、どのような時制を用いるかがありますが、現在はっきりとしたパターンは確立されておらず、分野ごとに相違がみられます。たとえば現在完了でキイ・リザルトを表す分野もあります。大きな傾向としては、従来過去形で述べられることが多かった部分が、近年は現在形がより好まれる傾向があり、ほぼ現在形で終始するアブストラクトもあります。このように分野により相違がありますので、最終的には自分のモデル論文を参考にしましょう。

《 タスク37 》

下記の2つのアブストラクトをみて、その構造を調べましょう。

1) まずキイ・リザルツを見つけて、下線を引きましょう。
2) それぞれの部分はどの文からなっていますか。①〜⑫の番号で答えましょう。

	1	2
背景		
目的		
リザルツ		
方法・結果		

1 Experimental boson sampling

❶ Universal quantum computers[1] promise a dramatic increase in speed over classical computers, but their full-size realization remains challenging[2]. ❷ However, intermediate quantum computational models[3,4,5] have been proposed that are not universal but can solve problems that are believed to be classically hard. ❸ Aaronson and Arkhipov[6] have shown that interference of single photons in random optical networks can solve the hard problem of sampling the bosonic output distribution. ❹ Remarkably, this computation does not require measurement-based interactions[7,8] or adaptive feed-forward techniques[9]. ❺ Here, we demonstrate this model of computation using laser-written integrated quantum networks that were designed to implement unitary matrix transformations. ❻ We characterize the integrated devices using an *in situ* reconstruction method and observe three-photon interference[10,11,12] that leads to the boson-sampling output distribution. ❼ Our results set a benchmark for a type of quantum computer with the potential to outperform a conventional computer through the use of only a few photons and linear-optical elements[13].

2 Modulation of Innate Immune Responses with Synthetic Lipid A Derivatives

❶ The lipid A moiety of lipopolysaccharides (LPS) initiates innate immune responses by interacting with Toll-like receptor 4 (TLR4), which results in the production of a wide range of cytokines. ❷ Derivatives of lipid A show potential for use as immuno-modulators for the treatment of a wide range of diseases and as adjuvants for vaccinations. ❸ Development to these ends requires a detailed knowledge of patterns of cytokines induced by a wide range of derivatives. ❹ This information is difficult to obtain by using isolated compounds due to structural heterogeneity and possible contaminations with other inflammatory components. ❺ To address this problem, we have developed a synthetic approach that provides easy access to a wide range of lipid A's by employing a common disaccharide building block functionalized with a versatile set of protecting groups. ❻ The strategy was employed for the preparation of lipid A's derived from *E. coli* and *S. typhimurium*. ❼ Mouse macrophages were exposed to the synthetic compounds and *E. coli* 055:B5 LPS, and the resulting supernatants were examined for tumor necrosis factor alpha (TNF-α), interferon beta (IFN-β), interleukin 6 (IL-6), interferon-inducible protein 10 (IP-10), RANTES, and IL-1β. ❽ It was found that for each compound, the potencies (EC$_{50}$ values) for the various cytokines differed by as much as 100-fold. ❾ These differences did not follow a bias toward a MyD88- or TRIF-dependent response. ❿ Instead, it was established that the observed differences in potencies of secreted TNF-α and IL-1β were due to differences in the processing of respective pro-proteins. ⓫ Examination of the efficacies (maximum responses) of the various cytokines showed that each synthetic compound and *E. coli* 055:B5 LPS induced similar efficacies for the production of IFN-β and IP-10. ⓬ However, lipid A's 1-4 gave lower efficacies for the production of RANTES and IL-6 as compared to LPS. ⓭ Collectively, the presented results demonstrate that cytokine secretion induced by LPS and lipid A is complex, which can be exploited for the development of immuno-modulating therapies.

では、次にあなたのモデル論文の構造はどうなっているでしょう。巻末の**提出タスク8**で調べましょう。

長いアブストラクトの場合多く見られる例は、背景3文、方法3文、目的とリザルツが合わせて1文（この場合、それぞれを0.5文と計算します）や、背景3文、方法1文、リザルツ3文などです。すべての構成要素があるとは限りません。いろいろなパターンのアブストラクトを分析し学習しましょう。

各セクションのまとめを利用

　アブストラクトの草稿の書き方は大きく分けて2種類あります。

✓　上記のモデル論文分析を利用して、それぞれの構成要素を含むIMRDC各セクションから最も重要な文章を抜き書きして、第一草稿とする。

✓　要素と分量をあらかじめ決めて、草稿を新たに書き起こす。

後者で書くことができれば簡単ですが、もし書きあぐねている場合、前者の方法を使うと機械的に第一段階はできあがりますので便利です。各人の好きな方法で書き始めましょう。

2. 英語のロジック：パラレリズム

　英語科学論文における最もよくある間違いの一つがパラレリズムの間違いである、とよく言われます。パラレリズムとは言葉を並列する時のルールです。たとえば、アブストラクトでは特に語数を減らさねばなりませんので、凝縮させるため不必要な語を出来るだけ削除するため長い名詞を代名詞で置き換えたり、節を句に直したくなります。その際減らせないものの代表が、パラレリズムにかかわる表現です。

> ✓ 英語のロジックにそって語数削減する。
> ✓ 英語のロジックにそったパラレリズムは残す。

まずウォームアップとして次の分析をしましょう。

《タスク 38》

スタイル的に正しくかつ最も短い文を選びましょう。

1) a) The area of Alaska is greater than Pennsylvania.
   b) The area of Alaska is greater than that of Pennsylvania.
   c) The area of Alaska is greater than the area of Pennsylvania.

2) a) The library was very popular with scientists because it had a good collection of science books and because of its convenient location.
   b) The library was very popular with scientists because of its good collection of science books and its convenient location.

3) a) The purpose of this paper is to investigate how monarch butterflies migrate and explaining where they to.
   b) The purpose of this paper is to investigate how monarch butterflies migrate and to explain where they to.

　タスク 38 の例文にも見られるように、代名詞や句を用いて元々の長い文章を短くすることができます。ですが、英語のロジックを無視した削り過ぎはできません。日本語の省略法と英語の省略法はまったく違います。これら二つの言語がしたがうロジックの違いと用法に慣れることが肝要です。

まとめると、アブストラクト作成時、まず学ぶべき3つの凝縮方法やポイントとして、

- ✓ 句や名詞への言い換えで節を凝縮させる
- ✓ 英語のロジック、パラレリズムへと頭を切り替える
- ✓ 代名詞を用いて名詞句を短くする

以上が最優先の学習事項となります。

　日本人学習者は句や名詞を作るのは一般に得意なので、以下2つ目のパラレリズムの話へと入ってゆきます。

大きな塊のパラレリズム

　英語が日本語と異なる特徴の一つが、塊で考えるパラレリズムです。たとえば日本語の、「ケイコは水泳、ジョギング、テニスが好きだ」を英語にすると、どうなるでしょう。

　動詞 like の目的語は、to〜、〜ing、名詞の3通りが考えられます。ひとつひとつ、水泳＝to swim、ジョギング＝jogging、テニス＝tennis と、逐語訳し、あわせると以下のようになります。

　　　Keiko likes to swim, jogging and tennis.

これは英文として正しいでしょうか。

　じつは間違っています。

　動詞 like の目的語としてこの3つの形は確かに可能です。以下の個々の文章は正しい英文です。

　　　Keiko likes to swim.
　　　Keiko likes jogging.
　　　Keiko likes tennis.

ですが、同じように名詞の働きをするとはいえ、to 不定詞と動名詞は原則的に同じ文中で並列（パラレル）させて混ぜては使えないことになっています。塊になったとたんに英語では別のロジックが働きだします。例文は正しくは、

 Keiko likes swimming, jogging, and playing tennis.
 又は Keiko likes to swim, to jog, and to play tennis.

などとなります。
 上記の二例を図にすると、以下のようなパラレリズムが見られます。

Keiko likes	swimming
	jogging
	playing tennis

Keiko likes	to swim
	to jog
	to play tennis

上から下へときれいに揃っていることがわかります。これが並列（パラレル）のルールです。英語のパラレリズムはさらに大きな塊へと、その他、前置詞句、接続詞などあらゆる要素を並列する時にも効力を発揮し、文のみならず、大きなレベルでも求められます。特に科学論文では、パラグラフ、セクション、章など大きなコンテキストでも常に意識される重要要素です。
 たとえばあるスピーチの話者が日本語で「これから A と B と C について話します」と言ったからといって、日本語は必ずしもその順序で話すことを要求しません。ですが英語では当然話者がその順を守ることを要求するだけでなく、ABC が並列できる同レベルの要素であることも求めます。
 このような英文パラレリズムの観点からは、以下の *Nature* の *Highlights* から抜粋した一文は、短いながら整った文章といえるでしょう。

The results indicate underline{unintended indirect effects} of neonicotinoids on non-target species in addition to underline{known direct effects}, the authors say.

まず、動詞 indicate の目的語二つが A in addition to B の形できれいにつながっています。さらに A および B は文法的に形容詞 2 個＋名詞、と同形で整っています。加えて、以下の表のようにそれぞれの上下二つの形容詞がお互いにほぼ反対語であることもわかります。とても美しいコントラストを描いています。

第一形容詞	第二形容詞	名　詞
unintended	indirect	effects
known	direct	effects

もちろん文意によっては、このような並列は不可能です。それでも、なるべく整ったパラレリズムを常に心がけることが、よりよい英文への近道になります。読者にとって分かりやすく、かつ美しい文章は、科学論文でも十分可能です。
　それでは次のタスクで、モデル論文についても調べましょう。

《 タスク 39 》

あなたのモデル論文のアブストラクトや他の部分から、パラレリズムを含む文章を調べましょう。（and, but などの並列接続詞、compared to, than などの比較表現とともに、よく使われる傾向があります）

1）まず文章の主要部分を抜き書きしましょう。

_____
_____
_____
_____

2) 何と何が並列になっていますか（3つでなくて2つでもよい）。下の図を完成しましょう。

主語など	並列部分（列挙）

代名詞で短く

　中学や高校の英語授業では文章中2度目に同じ名詞が出てきたら、必ず代名詞に置き換えるようにと指導されたかもしれません。人文系の分野のライティングは主にこのルールにしたがいますが、科学分野ではこれは必ずしも当てはまりません。代名詞に置き換えず、同じ語を繰り返しても一向に構いませんし、キイワードなどは、むしろ繰り返しを好む傾向があります。ですが、もし長い名詞句を代名詞で置き換えられれば時に見やすく、省スペース効果も大きいでしょう。

　以下のタスク例文は一文の中で比較するためにthatやthoseに置き換える例です。ここに見られるように、特に2語以上の名詞句をthatやthoseに置き換えることは、文を短縮する効果があることがわかります。アブストラクトのみならず、論文全体でも使えるテクニックです。

《 タスク40 》

下線部をthatまたはthoseに置き換えましょう。

1) The average scores for students in the experimental group were greater than the average scores for students in the control group.

2) We therefore developed several additional analogues of SyAM-P2, using chemistry similar to <u>chemistry</u> shown in Scheme 2, to probe the effects of linker length and composition

3) The scientists' size measurements of one of the star's known planets were similar to <u>the size measurements</u> obtained using orbiting telescopes.

では、さらにモデル論文で調べましょう。モデル論文の、アブストラクトまたは他の部分から、代名詞 those の入った文を見つけましょう。もしモデル論文の PDF データをコンピュータで読めるならば文書に「編集」から「簡易検索」をかけて、'those' と入力すると簡単に見つかります。

《タスク 41》

まず、モデル論文で使われている代名詞 those の入った文章の主要部分を以下に抜き書きし、次にそれが指している名詞句を書きましょう。

1) _____

   _____

   _____

   _____

   　　　those → (　　　　　　　　　　　　　　)

2) _____
   _____
   _____
   _____

   　　　those → (　　　　　　　　　　　)

   ペアになって、クラスメートと結果を比べましょう。

that も見つかれば、同様にノートに抜き書きしてみましょう。簡易検索ではthat は他の用法が多いので、代名詞としての用法は見つかりにくいかもしれません。

節から句へのパラフレーズ

　次に文を短縮するのに効果的なのは長い節を句に言い換える方法です。以下の例文は短い方の型のアブストラクトです。キイとなる結果をまず述べ、詳細、方法、示唆などを述べています。論文の主要部分と比べて、どのようにして短く書き縮められているのかを比較してみましょう。

《 タスク 42 》

Chemically Synthesized Molecules with the Targeting and Effector Functions of Antibodies

Abstract :

❶ This article reports the design, synthesis, and evaluation of a novel class of molecules of intermediate size (approximately 7000 Da), which possess both the targeting and effector functions of antibodies. ❷ These compounds —called synthetic antibody mimics targeting prostate cancer (SyAM-Ps)— bind simultaneously to prostate-specific membrane antigen and Fc gamma receptor I, thus eliciting highly selective cancer cell phagocytosis. ❸ SyAMs have the potential to combine the advantages of both small-molecule and biologic therapies, and may address many drawbacks associated with available treatments for cancer and other diseases.

以下は同論文の Conclusion（最初部分）から、上記と同じ内容の記述を抜き書きした英文です。下記点線部分(1)(2)は上記第一文において、どのように短縮されていますか。上記文に下線を引きましょう。

Here we report the first homogeneous, synthetic molecules (1) capable of mimicking the ability of antibodies to target FcγR-dependent immune effector responses selectively to cancer cells. These molecules are completely synthetic, (2) and possess much lower molecular weights than protein-containing agents.

上記の例では長い修飾語・節・文章を要約し、短い修飾句などに言い換えていました。このようなテクニックを参考にしましょう。

ではあなたのモデル論文ではどうでしょうか。巻末の**提出タスク9**をしましょう。

第5章 アブストラクト

2. 英語のロジック：パラレリズム ■ 91

3. さあライティングしよう

　以上でアブストラクトを書く基本的準備は整いました。もう一度要点を復習して、分析したモデル・アブストラクトを参考に、**章末タスク5**のライティングをしましょう。各セクションを区分けして分析すると、それぞれの構成要素の分量が一目瞭然で見やすく、後に参考に用いやすくなります。全体に占めるパーセントを書き込んでおくのもよいでしょう。

> **巻末の章末タスク5では、Sent. 1〜8を書きます。**
> **その際、中心となるSent. 4とSent. 5から始めると書きやすいでしょう。**
> (Start with Sentence 4 and 5 Then move back to 1 and so on.)

コラム5　難しいことこそやさしく

　本書の最初で日常語からアカデミックな語彙への言い換え練習をしましたが、あれは決して、わざと難しそうに書けという意味ではありません。むしろ難しい内容は難しいほどやさしい文章に納める必要があります。中身が難しいのに文体まで難しくすると読者はついてきてくれませんし、そもそも不必要です。*Nature* 誌の有名な編集者、レズリー・ページが、ある講演で同じことを言っていました。ちなみにページによると難しいことを伝えるのだから科学的言葉遣いをやさしくという場合のやさしさは、*Nature* の Letter の第一パラグラフの場合「すべての科学者が共有しているレベル、つまり学部の入門講座のレベルを超えてはいけない」そうで、残りの部分は「大学院一年目のレベル」だそうです。

　英語は、難しいことこそ平易な文章で説くことが徹底している言語文化のようです。一例が英米哲学の文章です。内容がやさしくないことは誰もが想像がつきますね。だからこそ平易な言葉遣いをし、それができるのは名文家です。私は昔ある英米哲学の入門書の翻訳を依頼された際、高名なイギリスの哲学者が何百年にわたる哲学論争をやさしくかつ明晰に解説する本を楽しんで翻訳しました。もちろん原文の口調そのままを伝えるべく簡潔平易な日本語に訳したのです。すると和訳だけを読んだ担当者から「哲学だからもっと難しそうに重々しい訳を」と注文が付きました。私は原著の意図に反するためできないと断りましたが、結局理解されず折り合いはつきませんでした。今思うと日本語は難しいことは難しそうに、やさしい事だけやさしく書く文化なのかなあとも思います。そう考えると文体を翻訳するとはどういうことなのだろうかとも思います。いずれにせよ哲学同様、科学英語も中身を理解するのにエネルギーが必要ですので簡潔かつアカデミックな英語で書くのが常識です。言葉遣いが平易だから中身も簡単だろうなんて誰も思いませんので、ご心配なく。

第6章
タイトルと速読へ

　これまでのタスクを通じて皆さんが英語のロジックを理解して書けるようになると、大きな副産物が一つありますと、最初に書きました。人の書いた論文を読む速度が確実にスピードアップしているはずです。いかがでしょうか。この最後の章ではライティングと速読がいかに表裏の関係にあるかに基づき、書くコツを使って読む方法を一緒に考えましょう。

　書けるようになった皆さんは、じつはもう読むべき情報がどこにどのように配置されているかを理解していますから、全員がかなりスラスラと読めるようになる可能性を持っています。これまで学んだモデル論文の分析の目のつけどころや、自分のものにしたコツを使い、良い英語で書かれた論文をたくさん読んで、ぜひ速読練習をしましょう。

　その前にタイトルをまだつけていませんでした。タイトルは重要です。なぜ論文のタイトルがそんなに重要なのか疑問に思う読者もいるかもしれませんが、その大きな理由の一つはインターネット検索にあります。現在、論文が読まれるか読まれないかは、ネット検索に検出されるかどうかに大きく左右されます。もしも研究のキイワードがタイトルに入っていないと、タイトル・サーチで検出されず、同じ分野の研究者に読んでもらえなくなる恐れがあります。以上の理由から、ネット・サーチを意識したタイトルをつけましょう。

　では、最後のタスクである論文タイトルのつけ方からまず始めましょう！

1. タイトルをつけよう

　あいまいで漠然としたタイトルは検索にかかりませんので、ある程度の詳細、つまり specific な情報も入れたタイトルにしましょう。研究のキーワードと詳細を入れるとなると、一番簡単なタイトルのつけ方の一つは、論文のキイ・リザルトをタイトル用に書き換えることだとわかります。キイ・リザルトには、必要十分な情報が入っています。キイ・リザルトは文章ですので、削って名詞形に変えるとタイトルが出来上がります。

　以下は、ある論文のアブストラクトから抜き書きしたキイ・リザルトの一文とタイトルです。二つを比べて、どのような書き換えが行われたのか分析しましょう。

キイ・リザルツ	Here we describe the generation of epicardial lineage cells from human pluripotent stem cells by stage-specific activation of the BMP and WNT signaling pathways.
タイトル	Generation of the epicardial lineage from human pluripotent stem cells

二つを比べると、詳細を少し削っていますが、同じ言葉を使用しているとわかります。一番基本的なタイトル作成法として覚えておきましょう。これなら誰でも簡単にタイトルがつけられそうですね。

タイトルと同義語

次にもう一例をみてみましょう。

キイ・リザルツ	Here we set out to characterize transcriptional heterogeneity in mouse PSCs by single-cell expression profiling under different chemical and genetic perturbations.
タイトル	Deconstructing transcriptional heterogeneity in pluripotent stem cells

この例では同義語を使った言い換えが一つ入っています。

characterize → deconstruct

このコンテキストでは両方「分析する」のほぼ同義語として使われているようです。上記キイ・リザルツはアブストラクトから取りましたので、確認のため、同じ内容が書かれているはずのコンクルージョンのキイ・リザルツも参照してみましょう。

> Here we analysed the dynamic transcriptional landscape of pluripotent stem cells subject to a number of chemical and genetic perturbations.

やはり「分析する」の同義語だったことが確認できました。
このようにまったく同じ表現ではなく、言い換えを駆使することもできます。

では、モデル論文で巻末の**章末タスク6**をしてみましょう。

より広い同義表現

　先ほど扱った同義語や言い換えの範囲は、中学・高校で習う、いわばピッタリした同義語と比べて、意味がやや広いことに気づきましたか。このような本当に「使える」同義語や同義表現の勉強こそが、真の「通じる」英語力を鍛えます。なぜなら、皆さんがこのタスクを終えたからには、これから英文に触れる際には同義語をみつけるアンテナが無意識に頭の中で立ち、どんどん同義表現ボキャブラリーが増えていくからです。速読の際、言い換えがそれとわかるとパズルが解けたようで嬉しいものです。加えて同義表現や同義文に注意を払うと、未知の単語でも意味がたやすく類推でき、単語に振り回されないようになりますから、読む事が随分楽になります。著者の意図が手に取るように感じられはじめ、同時に自分が書くためのボキャブラリーも増えます。いいことずくめです。

　では、章末タスクを終えたならば、次のタスク43で自分の論文にもタイトルをつけましょう。英語の勉強のためにも、できれば単語の言い換えを用いて作成してみましょう。

《タスク43》
キイ・リザルツを使ってタイトルをつけましょう。

キイ・リザルツ	
タイトル	

　さて上記同義語のタスクは、そもそも論文全体のどの位置に<u>同じ内容の文章があるはず</u>かを承知していて初めてできることなのが理解できましたか。もし

も論文の全体構造がわかっていなかったならば、未知の単語に振り回されて、そもそも同じ内容の文章なのかどうかさえ確信がもてません。

　つまり論文はまず大きな構造ありきで、塊で考えた方がよりよく理解できるように、論理的に書かれているのです。書ける人は著者の意図という心理のレベルで理解できます。論文は双方が文章を通じて切実にコミュニケーションを求めているため、さらに手に取るようにお互いが理解できます。以上のように、書くコツと読むコツはピタリと表裏の関係にあることがわかります。

2. 速読術とライティング

　長いパラグラフの中でもしも一文しか読む時間がなかったなら、あなたはどこを読みますか。おそらくトピックセンテンスでしょう。トピックセンテンスの位置は、パラグラフ冒頭ということも皆さんもうご存知でしょう。ですから、パラグラフ冒頭へ目をやり、素早く読んで終わります。これが速読の第一歩です。

　同じことが論文の速読でも可能です。パラグラフのトピックセンテンスと同じように、自分の求める情報を自分ならどこに配置して書くか、バリエーションも念頭におきつつ、常に予想しながら読むことは、いわば積極的リーディングとなり、自然に速読になります。言葉での理解に加えて、配置による意図の理解を基に、科学論文はその内容のみならず構造をも専門家同士が共有し、コミュニケーションを交わしているわけです。

　ですから反対に、そのルールを無視した論文は読みにくく、読解不能で読者を減らすことにつながります。なぜ論文の全体構造理解がそんなに大切なのかの鍵がここにあります。英文読者が文章を読んでいて最もイライラする間違いについて、本書の冒頭で述べました。一番気にならないのが細かい文法ミス、さらにすすむとパラグラフの構造欠陥、一番気になるのが全体構造でしたね。

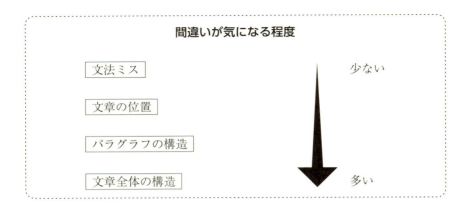

　これは科学論文ではなおさらです。だからこそ真っ先に何よりも大きな全体構造を学び、塊で理解することに私たちはエネルギーを注いできました。

　皆さんは、たとえばイントロダクションでどこにキイ・センテンスがあるか、すぐに見つけることができます。ですからそこに仮に誰かが書いた、

　　Here we showed....

という文を見つけても、おそらくタイプミスか、文法ミスとすぐわかります。だから文法ミスはそれほど気にならないのです。それに対して、この文章がもしイントロダクションのとんでもない位置にあったなら、どうでしょう。きっとその意図の理解に迷うことでしょう。だから少しイライラし、速読を妨げられます。さらにもしもそのイントロダクションの構成自体がルールにまったく当てはまらなかったら、たとえ個々の文章の意味が通じても、意図、流れがわかりませんね。全体として速読などまったくできない代物になります。だからこそ文章全体の構造の間違いが、最も読者をイライラさせるナンバーワンにランキングするわけです。以上の理由から、まず大きな塊から英語を勉強するべきだと私は確信していますし、最新の研究もそれを支持しています。

　では最後に、速読練習をしてみましょう。論文タイトルは'**The role of graphene for electrochemical energy storage**'です。

《 タスク 44 》

今まで学んだライティングのコツを活かして速読しましょう。
(二重線、波線、ハイライト、囲みはこれまでの学習のポイントです)

The role of graphene for electrochemical energy storage

Known

Graphene, a carbon monolayer packed into a 2D honeycomb lattice, was for a long time considered to be merely a building block for carbonaceous materials of other dimensionalities (that is, graphite, fullerenes and carbon nanotubes). Initially labelled as an 'academic material', graphene was thought not to exist in a free state until 2004, when Novoselov and co-workers isolated a single-atom-thick layer of carbon. Since then, interest in graphene has grown continuously, giving rise to what might be called the 'graphene gold rush. Recently, intense research efforts — motivated by graphene's many appealing properties — have been boosted by multimillion-dollar funding from both the European Union and China.

逆説(1)→

Unknown→

Despite its wide range of potential applications and very promising array of features with respect to other structurally different forms of carbon (Table 1), it is not yet clear whether graphene has the potential to revolutionize many aspects of our lives. In recent years, a large number of publications have discussed the application of graphene in electrochemical energy-storage devices (EESDs).

逆説(2)→

However, although such discussions always highlight the advantages of graphene, they often lack an objective analysis of its limitations and

| Research Qs | drawbacks. This leaves us with a number of key questions. Will the employment of graphene be limited to niche applications, or will next-generation batteries and capacitors be graphene-based? Graphene's properties vary strongly as a function of its production method. Hence, which typologies of graphene can be produced with today's available technologies? Could these significantly outperform state-of-the-art materials? Furthermore, which performance metrics are more relevant for predicting the potential use of graphene in EESDs? This Progress Article aims to address these open questions. |

読み方のヒント
1. イントロダクションの構造を支えているのは、逆説、内容、時制。
2. 逆説1と2を見つける、○で囲んでもよい。

以上、少し変則的なイントロダクションでしたが、バリエーションの一種です。時制のルールには特に几帳面にしたがっていることがわかり、ホットなトピックを扱っているにもかかわらず理解しやすい文章でした。

リザルツやメソッドでも位置や語句のコツを確認してから読めば、同じような速読が可能です。

以上のように、各セクションの構造を頭にたたき込んでおけば、読む際には書くことと反対の手順でパズルのようにパラリと構造が解けます。そうすると著者の意図がよくわかりますから、これまで既習のコツを駆使し、ぜひ目で分析しつつ、バリエーションを考え、速読の練習を楽しくしてみてください。

きっと、スラスラできることと信じます！

《タスク45》

今まで学んだ論文ライティングのコツ「砂時計型」構造とは何をさしますか。図示してペアで説明しあってください。

図	説　明

コラム6　辞書を友に

　アメリカの大学で科学史を教えていた頃のことです。教え子の一人のアニーが血相を変えて私の所へやってきて言いました。「先生、私はもう10年以上もこの国で勉強しているのに、まだ英語ができないの！」涙ながらに訴えます。彼女はアルメニア人ですがアメリカ人が聞いても訛がなく、口語英語は母国語なみの多言語を操る優秀な学生です。そんな彼女が今日レポートをある教授に提出したら、ざっと目を通してから首を傾げて、「もしかしたら君は英語が第二言語ですか」といわれたというのです。私は彼女から、9歳の時に戦火を逃れて両親と移民してきたこと、それから英語を勉強すべく毎日図書館で本を10冊借りては家で音読し、翌日返却してはまた10冊借りるのを繰り返し、毎日来るから司書からヘンな顔をされつつ図書館の児童書はほぼ読破してしまったこと、そんな努力の末ESLの授業から卒業したことなどを聞いています。だから悔しさも人一倍でしょう。でもライティングはそれだけハードルが高いということなのです。

　ですがネイティブだからといって、整った文章がすぐ書けるわけではありません。実際アメリカ人学生も文章の大きな枠組みをはじめ、文法間違いなどは日常茶飯事、問題は山積しています。スペルミスもあります。私の授業ですから科学史のレポートのはずなのに、なぜか「文房具」が何度も出てきます。はてな、と思ってよく読むと、stationary（不動の）を間違ってstationery（文房具）としているではありませんか。機械はこれを直してはくれません。

　私は彼女を「でもアメリカ人のレポートも私がしょっ中添削してるんだから…ね？」と言ってなぐさめました。あやふやな知識ならば、ネイティブであれ外国人であれ、辞書を常に引き確かめねばなりません。アニーも私も、書物や辞書を常に最強の友として、アメリカ人と競争です。ネイティブでも苦労するライティング、10年選手も涙するライティング。対策はアニーの音読のように、日々これ努力の一言に尽きるのではないでしょうか。

―― おわりに ――

　科学の世界では、従来から共通言語としての英語が必須でしたが、その傾向は、グローバル化・電子化・スピード化しつづける今日の科学界においてますます強まってきています。ですが一般に科学専攻の学生は多忙をきわめ、英語学習に必ずしも多くの時間をさく事ができません。英語は各研究室で必要に応じて指導されているのが現状で、すぐに使える適切な科学英語教材の開発が必要です。

　本書は、上記のようなニーズに少しでも応えるべく、必要なライティング技能を効率よく身につけられるよう配慮工夫しました。論文の各セクションのコツを各章に配置し、構造とスタイルの側面から分析し解説を試み、実際に書く機会を与えるように構成しました。この教科書が少しでも英語に悩む大学院生のお役にたてば幸いです。

　本書執筆のそもそものきっかけは、2年前の春から理系大学院生向け科学英語を、大阪大学で教え始めたことに始まります。本書の引用論文の多くは、大阪大学大学院博士課程教育リーディングプログラム未来戦略機構第三部門（インタラクティブ物質科学カデットプログラム）一期生の選んだモデル論文から広く選びました。執筆のインスピレーションとなってくれたプログラム一期生および二期生に心より感謝します。

　もう一つのきっかけは、科学英語についてプログラム内外から相談や問い合わせが予想以上にあったことです。プログラム部門長の木村剛教授にその旨をお伝えしたところ、需要があるからには是非にと教科書の執筆を後押ししてくださいました。執筆が具体化する絶好の機会を与えてくださった木村先生に心より御礼申し上げます。

　本書の企画に当初から深い興味と共感を示しつつ企画を素早くすすめ、編集・出版に尽力してくださった、大阪大学出版会の栗原佐智子さんには、この場をお借りして、心より感謝申し上げます。また、ほぼ常時原稿締め切りに追われている私がより仕事をしやすいよう、いつも気遣ってくださるカデット事

務室の清水美和さん、植田靖子さん、森椙正則さん方のサポートや、カデットプログラム飯島賢二先生、理学部田島節子先生の励ましがなければこの本は完成しなかったでしょう。この場をお借りして御礼申し上げます。最後に、本書執筆のため、のべつまくなしに仕事し続ける私を見守り協力してくれた家族、特に草稿にいつも快く目を通してくれた聡明な妹、聡子に感謝します。ありがとう。

なお本書は、大阪大学博士課程教育リーディングプログラム（インタラクティブ物質科学カデットプログラム）から、出版助成金を受けました。

出典一覧 (Credits)

第1章

タスク3 Reprinted excerpt with permission from *Physical Review B*. M. S. Torikachvili *et al.* Effect of pressure on the structural phase transition and superconductivity in $(Ba_{1-x}K_x)Fe_2As_2$ ($x=0$ and 0.45) and $SrFe_2As_2$ single crystals. Vol. 78: 104527-1-6, 2008. Copyright (2008) by the American Physical Society.

第2章

タスク7 Reprinted excerpt with permission from *Physical Review A*. K. Y. Bliokh *et al.* Angular momenta and spin-orbit interaction of nonparaxial light in free space. Vol. 82: 063825-1-7, 2010. Copyright (2010) by the American Physical Society.

タスク8 Reprinted with permission from *Journal of the American Chemical Society* 134: 11602-11610, 2012. Hui Liu, Jianglan Qu, Yunfa Chen, *et al.* Hollow and Cage-Bell Structured Nanomaterials of Noble Metals. Copyright (2012) American Chemical Society.

第3章

タスク16 Reprinted with permission from *Journal of the American Chemical Society* 129: 5200-5216, 2007. Yanghui Zhang, Jidnyasa Gaekwad, Margreet A. Wolfert, and Geert-Jan Boons. Modulation of innate immune responses with synthetic lipid A derivatives. Copyright (2007) American Chemical Society.

タスク17 Reprinted with permission from *Journal of the American Chemical Society* 129: 3104-3109, 2007. Rebekah A. Miller, Andrew D. Presley, and Matthew B. Francis. Self-assembling light-harvesting systems from synthetically modified tobacco mosaic virus coat proteins. Copyright (2007) American Chemical Society.

本文中51頁 Reprinted with permission from *Journal of Mathematical Physics* 55 (11): 112501-1-35, 2014. Kevin H. Knuth and Newshaw Bahreyni. A potential foundation for emergent space-time. Copyright (2014), AIP Publishing LLC.

タスク 21 Reprinted with permission from *Inorganic Chemistry* 50: 6280−6288, 2011. Bin Xi and R. H. Holm. The $[MoFe_3S_4]^{2+}$. oxidation state: synthesis, substitution reactions, and structures of phosphine-ligated cubane-type clusters with the $S = 2$ ground state Copyright (2011) American Chemical Society.

タスク 22 Reprinted excerpt with permission from *Physical Review B*. M. S. Torikachvili *et al.* Effect of pressure on the structural phase transition and superconductivity in $(Ba_{1-x}K_x)Fe_2As_2$ ($x=0$ and 0.45) and $SrFe_2As_2$ single crystals. Vol.78: 104527−1−6, 2008. Copyright (2008) by the American Physical Society.

第 4 章

タスク 25 Reprinted by permission from Macmillan Publishers Ltd: *Nature* advanced online publication, 03 Jan, 2015 (doi: 10.1038/sj. nature. 14067). Emmanuel Boucrot, Antonio P. A. Ferreira, Leonardo Almeida-Souza, Sylvain Debard, Yvonne Vallis and Gillian Howard. Endophilin marks and controls a clathrin-independent endocytic pathway.

タスク 26 Reprinted by permission from Macmillan Publishers Ltd: *Nature* 516 (7529): 56−61, 2014. Roshan M. Kumar *et al.* Deconstructing transcriptional heterogeneity in pluripotent stem cells. Copyright (2014).

タスク 28 Reprinted excerpt with permission from *Physical Review B*. M. S. Torikachvili *et al.* Effect of pressure on the structural phase transition and superconductivity in $(Ba_{1-x}K_x)Fe_2As_2$ ($x=0$ and 0.45) and $SrFe_2As_2$ single crystals. Vol. 78: 104527−1−6, 2008. Copyright (2008) by the American Physical Society.

タスク 31 Reprinted with permission from *Journal of the American Chemical Society* 129: 3104−3109, 2007. Rebekah A. Miller, Andrew D. Presley, and Matthew B. Francis. Self-assembling light-harvesting systems from synthetically modified tobacco mosaic virus coat preteins. Copyright (2007) American Chemical Society.

第5章

タスク34 Reprinted with permission from *Journal of the American Chemical Society* advanced online publication, 06 Oct, 2014 (doi org: 10.1021/ja510260j *J. Am. Chem. Soc.*). Paolo Ricci, Katrina Krämer and Igor Larrosa. Tuning reactivity and site selectivity of simple arenes in C-H activation: ortho-arylation of anisoles via arene-metal π-complexation. Copyright (2014) American Chemical Society.

タスク37 Reprinted by permission from Macmillan Publishers Ltd: *Nature Photonics* advanced online publication, 12 May, 2013 (doi: 10.1038/nphoton. 2013. 102). Max Tillmann *et al.* Experimental boson sampling.

タスク37 Reprinted with permission from *Journal of the American Chemical Society* 129: 5200-5216, 2007. Yanghui Zhang, Jidnyasa Gaekwad, Margreet A. Wolfert, and Geert-Jan Boons. Modulation of innate immune responses with synthetic lipid A derivatives. Copyright (2007) American Chemical Society.

タスク42 Reprinted with permission from *Journal of the American Chemical Society* advanced online publication, 15 Sept, 2014 (doi org: 10.1021/ja509513c *J. Am. Chem. Soc.*). Patrick J. McEnaney *et al.* Chemically synthesized molecules with the targeting and effector functions of antibodies. Copyright (2014) American Chemical Society.

第6章

タスク44 Reprinted by permission from Macmillan Publishers Ltd: *Nature Matirials* advanced online publication, 22 Dec, 2014 (doi: 10.1038/nmat4170.). Rinaldo Raccichini, Alberto Varzi, Stefano Passerini and Bruno Scrosati. The role of graphene for electrochemical energy storage.

巻末

提出タスク3 Reprinted with permission from *Journal of the American Chemical Society* 134: 11602-11610, 2012. Hui Liu, Jianglan Qu, Yunfa Chen, *et al.* Hollow and Cage-Bell Structured Nanomaterials of Noble Metals. Copyright (2012) American Chemical Society.

所属		氏名	

提出タスク1

年　　月　　日

1) 「論文」とは、英語で何というでしょう。以下から一つ選んでください。

　　① letter　　② book review　　③ article　　④ news and views

2) 学術誌の構成要素である上記1～4の違いは何ですか。ペアになって話し合いましょう。

3) あなたが最も参考にしたい自分野における主要な学術誌の名前を以下に2つ以上あげてください。
　　・
　　・
　　・

4) 上記の学術誌の特徴や違いは何ですか。話し合い、メモしましょう。

111

所属		氏名	

章末タスク 1

年　　月　　日

4人のグループをつくりまず2人のペアになり、適宜ペアを交代します。

1) 英語を用いて2分間でクラスメートに研究内容を説明してください。ペアを変えて2回行い、2回目の方をレコーダーで録音します。
2) 自分で聞き返して、紙に英語を書き取りましょう。
3) キーワードとキーポイント、内容の過不足をチェックし完成させましょう。

〈参考表現〉

—— 分野と研究内容の概要 ——

研究背景

In my field we know that _____

could contribute to _____

_____ .

先行研究の例 1、2

Most studies so far have researched / focused on _____

_____ *and / or* _____ .

先行研究との相違/新しい点

However, my research focuses on _____

_____

_____ .

方法

In this study _____

_____

_____ .

113

提出タスク2

所属　　　　氏名　　　　年　月　日

自分のモデル論文のイントロダクションをタスク7同様に調べましょう。

1) 流れを変化させる逆接接続詞を2つ以上見つけ、下線を引きましょう。（コツは general から specific へ、known から unknown へと切り替わる部分）
2) 著者は何が既知（known）で、何が未知（unknown）と言っていますか。日本語で簡単に要約しましょう。

〈論文1〉

known；

unknown；

〈論文2〉

known：

unknown：

115

| 所属 | | 氏名 | |

提出タスク3   年   月   日

1) 逆接を表す接続詞を見つけ下線を引き、流れを理解しましょう。
2) タスク例文のイントロダクションの各文の主動詞（主節の動詞）の時制について、以下の記号で分類しましょう。

- 現在完了形   波線
- 過去形   二重線
- 現在形   囲み

Hollow and Cage-Bell Structured Nanomaterials of Noble Metals

A general strategy for the fabrication of hollow or CBS structures is template-assisted selective etching of core-shell particles. The core particle in this case is overlaid with a single or double shell of a different material. The core or the inner shell is then selectively removed by calcination or with a solvent. Over the past 20 years, various methods based on sacrificial templates of polymer and inorganic spheres,[20-26] liquid droplets,[27] vesicles,[28-30] and microemulsion droplets,[31-33] have been developed for the synthesis of hollow and CBS nanomaterials, and were reviewed recently by the Lou, Jiang, and Lu groups.[34-36] These preparative methods are however system specific, more successful for metal oxides than for noble metals. Specific methods based on other principles such as galvanic replacement,[37,38] Kirkendall effect,[8,39] Ostwald ripening,[40,41] and layer-by-layer assembly[23,42] have also been used for the synthesis of hollow or cage-bell nanomaterials. These methods are only applicable to a small number of metals (mostly Au and Pt) and there are significant limitations. For example, the core and the shell of cage-bell nanostructures prepared this way are usually made of the same material, and there is no effective control of the shell thickness and shell structure.[43,44] In summary, a general approach to rationally fabricate hollow and cage-bell structures for a sufficiently wide spectrum of noble metals is still

(ウラヘ)

lacking today and it poses significant challenges.

Herein, we report a facile generic approach, which is based on the inside-out diffusion of Ag in core-shell structures, for the fabrication of hollow or cage-bell noble metal nanomaterials. In this strategy, core-shell Ag-M nanoparticles or core-shell-shell M_A-Ag-M_B nanoparticles are first prepared in an organic solvent, followed by the removal of Ag from the core or the innershell with bis(p-sulfonatophenyl) phenylphosphane dihydrate dipotassium salt (BSPP), which binds strongly with Ag(I)/Ag(0) to promote the inside-out diffusion of Ag in the core-shell structure, which is typically completed in 24-48 h. In this report, the preparation of monometallic nanoparticles with a hollow interior will be demonstrated first, followed by the preparation of hollow nanoparticles with a bimetallic or trimetallic alloy shell, and finally CBS metal nanomaterials with different core and shell compositions.

所属		氏名	

章末タスク2

年　　月　　日

イントロダクションを書きましょう

＊以下の手順にそっていくとできあがります。

キイワードのリスト（List keywords of your research）

時制に注意！　*Pay attention to the tense！*

＊指導者の添削用に、解答は1行おきに記入すること。

Sent. 1　研究エリアの重要性について（the importance of your field）

現在完了形　*Present perfect*

Sent. 2　その中で問題になっているポイント（general problem area）

現在完了形　*Present perfect*

However,

章末タスク2

Sent. 3 上記問題認への一般的対処法 (one accepted solution to above)

> 現在形　*Present*

Sent. 4 先行研究例をリファレンス付きで2個挙げる
　　　　　(example 1, example 2 using reference)

> 過去形　*Past*

Sent. 5 本研究へとつながる残された問題点 (still remaining research)

> 現在完了形　*Present perfect*

Little attention has been paid to

	所属		氏名	

章末タスク 2

年　　月　　日

Sent. 6　本研究についてはっきり手短かに述べる（your current research）
現在形　Present

This paper presents

Sent. 7　メソドロジーを短く述べる（your methodology in brief）
現在形　Present

Sent. 8　リザルツを短く述べる（your results in brief）
過去形　Past

123

| 所属 | | 氏名 | |

提出タスク 4

年　　月　　日

モデル論文のメソッド・セクションをタスク16と同様に調べましょう。短いものは全体を、長いものは半ページ程度を調べましょう。

1) 主動詞を調べ、全体の数および各欄の数字を書き入れましょう。

〈論文1〉

	過去形	現在形
受動態 (passive)	/	/
能動態 (active)	/	/

〈論文2〉

	過去形	現在形
受動態 (passive)	/	/
能動態 (active)	/	/

2) 材料や器具の説明で自分の論文にも使えそうな表現を集めましょう。右に和訳しておきましょう。

表現	和訳
例) are commercially available	( )
_____	( )
_____	( )
_____	( )
_____	( )

125

| 所属 | | 氏名 | |

提出タスク5

年　　　月　　　日

モデル論文のメソッド・セクションの、まだ調べていない1段落又は1セクションの受動態を調べ、受動態の前置詞を含む、動詞慣用句を抜き書きしましょう。

be ＋ 過去分詞 ＋ 前置詞

1)
-
-
-
-

これらの表現は、章末タスクで利用できます。

2) メソッド・セクションで現在形の受動態（general procedure）や能動態が使われていれば、以下に文章を抜き書きしましょう。

現在受動態

能動態

3) 上記受動態の動詞部分に下線を、能動態の主語を○で囲みましょう。もし見つからなければ、もう一つのモデル論文でさがしてみましょう！

| 所属 | | 氏名 | |

章末タスク3

年　　月　　日

メソッド・セクションを書きましょう。

＊ 紙面の許す限りかきましょう。

キイワードのリスト（List keywords of your research）

受動態の時制に注意！　*Pay attention to the tense of passive forms!*

＊指導者の添削用に、解答は1行おきに記入すること。

Section. 1　手順の概説（General Procedures）

〈小見出し〉

(　　　　　　　　　　　　　　　　　　　　　　　　　　　　　)

| 所属 | | 氏名 | |

章末タスク３

年　　月　　日

Section. 2　材料など（Materials / Samples / Instrumentation など）

〈小見出し〉
(　　　　　　　　　　　　　　　　　　　　　　　　　　　　　　　　　　)

Section. 3　（Synthesis / Construction / Assembly / Preparation of）

〈小見出し〉
(　　　　　　　　　　　　　　　　　　　　　　　　　　　　　　　　　　)

	所属		氏名	

章末タスク３
　　　　　　　　　　　　　　　　　　　　　年　　月　　日

Section. 4
〈小見出し〉
(　　　　　　　　　　　　　　　　　　　　　　　　　　　　　)

Section. 5　小見出し（Characterizations など）
〈小見出し〉
(　　　　　　　　　　　　　　　　　　　　　　　　　　　　　)

章末タスク３

所属 　　　　　　　氏名 　　　　　　　年　　月　　日

Section. 6 ＿＿＿＿＿**測定**（Measurement / Analysis など）

〈小見出し〉
(　　　　　　　　　　　　　　　　　　　　　　　　　　　　　　　)

| 所属 | | 氏名 | |

提出タスク6

年　　月　　日

モデル論文のディスカッション・セクション又はリザルツ・アンド・ディスカッションから調べ抜き書きし、構造を調べましょう。

1) キイ・リザルツの一文を抜き書きしましょう。

2) 研究背景があれば下線を引き、逆説の接続詞に○をしましょう。
　　将来の研究に言及していますか。していれば、本文に下線を引きましょう。

提出タスク7

年　　月　　日

モデル論文のリザルツ・セクション又はリザルツ・アンド・ディスカッションを調べましょう。

1) 変化や差異を表す表現を書き入れましょう。

	論文1	論文2
増える		
減　る		
無変化／同じ		

強調または弱める表現もみつけましょう。

	表　現
強調副詞	
弱める副詞	

2) 比較表現で自分の論文にも使えそうな表現を集めましょう。右に和訳しておきましょう。

表現	和訳
例) more than ～ percent higher than	(　　　　　　　)
	(　　　　　　　)
	(　　　　　　　)
	(　　　　　　　)
	(　　　　　　　)

	所属		氏名	

章末タスク4

年　月　日

リザルツ・ディスカッション・コンクルージョンを書きましょう。

＊紙面の許す限りかきましょう。

キイワードのリスト（List keywords of your research）

リザルツ（Results）

＊指導者の添削用に、解答は1行おきに記入すること。

Ⅰ.

　　Figure 1 shows

Ⅱ.

　　As shown in _____

Ⅲ.

　　In Fig. ____ we show

141

| 所属 | | 氏名 | |

章末タスク4

年　　月　　日

ディスカッション（Discussion）

Ⅰ.

Ⅱ.

Ⅲ.

| 所属 | | 氏名 | |

章末タスク4

年　　月　　日

コンクルージョン（コンクルーディング・パラグラフ）

Section. 1　キイ・リザルツのまとめ

The results above indicate that

リミテーション（limitations of this research）

Section. 2　将来の研究（implications of future studies）

	所属		氏名	

提出タスク 8

年　　　月　　　日

モデル論文のアブストラクトをタスク 37 と同様に調べましょう。

1) それぞれいくつの文章があるか数字を書き入れましょう。（要素の順は以下の通りとは限りませんし、すべての要素は必ずしもありません）

構成要素	論文 1	論文 2
背景		
目的		
リザルツ		
方法・結果		

2) 次にそれぞれの構成要素は IMRD のどのセクションに書かれている内容ですか。○をつけて選びましょう。もし本論文中に内容が同じ文章があれば下線を引きましょう。

〈論文 1〉

構成要素（　　　　）論文中　I・M・R・D　にある
構成要素（　　　　）論文中　I・M・R・D　にある
構成要素（　　　　）論文中　I・M・R・D　にある
構成要素（　　　　）論文中　I・M・R・D　にある

〈論文 2〉

構成要素（　　　　）論文中　I・M・R・D　にある
構成要素（　　　　）論文中　I・M・R・D　にある
構成要素（　　　　）論文中　I・M・R・D　にある
構成要素（　　　　）論文中　I・M・R・D　にある

提出タスク9

1) モデル論文のうち一つを選んでアブストラクトのキイ・リザルトの文章を抜き書きしましょう。

2) 他のセクションの主要部分でキイ・リザルトと同じ内容を表す部分を抜き書きしましょう。

3) どのような短縮や書き換えがされているか、2カ所以上みつけて下線を引きましょう。呼応する部分を示すため番号をつけましょう。

＊時間があれば、もう一つの論文でも同じタスクをしてみましょう！

| 所属 | | 氏名 | |

章末タスク 5

年　　月　　日

アブストラクトを書きましょう。

＊ 以下の手順にそっていくとできあがります。

キイワードのリスト (List keywords of your research)

語数に注意！　*Pay attention to the word limit!*

＊指導者の添削用に、解答は1行おきに記入すること。

Sent. 1　研究背景 (research background)

現在形　*Present*

Sent. 2　研究背景詳細 (more detailed research background)

現在形　*Present*

The question is (how / why / wether etc)

| 所属 | | 氏名 | |

章末タスク5　　　　　　　　　　　年　　月　　日

Sent. 3　解決のための仮説（one solution to above / hypothesis）

現在形　Present

Hypotheses for
(　　　　　　　　　　　　　　　　　　　　　　　　　　　　)
include

Sent. 4　研究目的（your research aim）

過去形　Past　または　**現在形　Present**

The aim of this study was / is

Sent. 5　キイ・リザルツ（your key results）

現在形又は過去形　Present or Past

Here we report / We found that

| 所属 | | 氏名 | |

章末タスク 5

年　　　月　　　日

Sent. 6　結論・方法詳細 1 (detail 1)
過去形　*Past*

Sent. 7　結論・方法詳細 2 (detail 2)
過去形　*Past*

Sent. 8　研究の意義 (implications of your results)
現在形　*Present*

Our results demonstrate how

| 所属 | | 氏名 | |

章末タスク6

年　　月　　日

モデル論文のキイ・リザルトと、タイトルを抜き出し比較してみましょう。

〈論文1〉

キイ・リザルト	
タイトル	

書き換えのまとめ

_____ → _____

〈論文2〉

キイ・リザルト	
タイトル	

書き換えのまとめ

_____ → _____

＊終わったら、さらに別の箇所のキイ・リザルトも参照し比較しましょう。

著者略歴

尾鍋　智子（おなべ・ともこ）　大阪大学特任准教授（常勤）

学術博士。専門は科学史（視覚光学史）、英語教育。ハーバード大学修士（M.A.）。総合研究大学院大学博士（Ph.D.）。米国フランクリンアンドマーシャル大学専任講師、東京大学先端科学技術研究センター協力研究員、立命館大学嘱託講師などを経て、大阪大学未来戦略機構第三部門特任准教授。著書に『絶対透明の探求：遠藤高璟著「写法新術」の研究』思文閣出版（2006）。論文に"Bento: Boxed Love, Eaten by the Eye", Eric C. Rath, Stephanie Assmann 編　*Japanese Foodways: Past and Present*, University of Illinois Press, 2010。

通じる！　科学英語論文・ライティングのコツ

2015 年 3 月 25 日　初版第 1 刷発行　　　　　［検印廃止］

　著　者　　尾鍋　智子

　発行所　　大 阪 大 学 出 版 会
　　　　　　代表者　　三成　賢次

〒565-0871
大阪府吹田市山田丘 2-7
大阪大学ウエストフロント
TEL　06-6877-1614
FAX　06-6877-1617
URL：http://www.osaka-up.or.jp

　印刷・製本　　尼崎印刷株式会社

ISBN 978-4-87259-498-0 C3082　　　　　　**無断転載を禁ず**
Ⓒ Tomoko ONABE 2015　　　　　　　　　　Printed in Japan

Ⓡ〈日本複製権センター委託出版物〉
本書を無断で複写複製（コピー）することは、著作権法上の例外を除き、禁じられています。本書をコピーされる場合は、事前に日本複製権センター（JRRC）の許諾を受けてください。